哲學與生活

philosophy with life

從老子學說回歸自然沒有刻意作為與追求
順其天地賦予人的正向本能
以達清靜自在生活

老子

Lao Tzu's

張育愷
（天地的草）◎編著

■ 國家圖書館出版品預行編目（CIP）資料

老子哲學與生活 / 張育愷編著. --初版. -- 高雄
市：麗文文化, 2017.12
　面；　公分
ISBN 978-986-490-095-4（平裝）

1.老子　2.注釋

121.311　　　　　　　　　　　106008770

老子哲學與生活

初版一刷‧2017 年 12 月

編著者	張育愷
封面設計	黃齡儀
發行人	楊曉祺
總編輯	蔡國彬
出版者	麗文文化事業股份有限公司
地址	80252高雄市苓雅區五福一路57號2樓之2
電話	07-2265267
傳真	07-2233073
網址	www.liwen.com.tw
電子信箱	liwen@liwen.com.tw
劃撥帳號	41423894
臺北分公司	23445新北市永和區秀朗路一段41號
電話	02-29229075
傳真	02-29220464
法律顧問	林廷隆律師
電話	02-29658212

行政院新聞局出版事業登記證局版台業字第5692號

ISBN　978-986-490-095-4（平裝）

麗文文化事業

定價：230 元

| 自序 |

　　筆者因故致使腦部血液循環不佳與視網膜缺氧而無法長期工作，身體陷入低點，也展開長達 10 年多的憂鬱症，期間除了工作與外出拜拜外，鮮少與外界互動，跟隨出自承天禪寺的師父在南投縣做早晚課，前後約三個月有餘，也對中華文化中老子的《道德經》感到好奇。在拜讀《六祖壇經》與多次翻閱能仁出版社的老子《道德經》後，初步瞭解到佛學所言的無我、無相、無念是筆者所不能及，閱讀老子《道德經》時感到其歸於天地自在的言詞，讓心靈相對平靜。隨著求醫，身體病痛好了七八成，但思緒確仍百般困惑，因憂鬱症的習慣仍未能拔除，感覺到似乎只有《道德經》能解開困惑，開始每日閱讀。從瞭解與省思中，身心逐步歸於平靜，感受到《道德經》是適合人與天地萬物的哲學，以天地自然運行的法則為出發，整體正向推進人與萬物的恆久遠的發展。

　　在閱讀《道德經》歸於天地自然，順其整體正向自然沒有刻意作為的論述時，心靈相對平靜中逐步解開在身體與生涯規劃陷入低潮的憂鬱症困惑，茲予以分享，然憂鬱症習慣的拔除仍需在閱讀有所領會，心靈清靜時放下一切外在過度與刻意追求，逐步提醒而無形間根除。此外筆者日常撥空到公開、透明能讓心相對平靜，放鬆的場所走走及親近大自然的休閒場所，感恩您。

2017.8.25

| 目次 |

心得小結

　守護天下、人、萬物，無過多追求➔ 天地間人與萬物恆久遠
　　繁衍（參見第五十二章）
　古之善為道者，不以智治國，重視民眾之身心健康，飲食根源
　　➔以民眾之經濟民生、身心自在為重（參見第六十五
　　章、第三章）

治人事天、譬道之在天下→實踐「道」在眾天下則實現第五
十二章之天地大同（參見第三十二章）

心得彙整

古之善為道者重視民眾之身心健康，飲食根源，不以智治國，
治人事天譬道之在天下，猶川谷之於江海，則實現第五十二章
之眾天下

個人篇

心得小結

身心自在、注重飲食健康→ 身心健康 （參見第二十章）

無須刻意比較→ 避免紛擾 （參見第二章）

無需過多追求→ 身心過勞 （參見第五十二章、第二十章）

順其自然發展提供正向所長➔人我圓滿 （第十一章、第五十
　　四章、第五十二章）

回歸人良善本質孝慈，善的發揮，從己身順其自然到天下➔人
　　與天地萬物共存 （第十九章、第三十八章、第七十一章、
　　第五十四章、第五十二章、第二十二章）

心得彙整

回歸人天生良善的本質「孝慈」，注重飲食，回歸身心自在，
無須刻意比較，無需過多追其求，亦無須刻意強調仁義，善的
發揮，從己身所長順其自然到天下

天地篇

老 子學說　《道德經》第一章

道可道，非常道；名可名，非常名。無名天地之始；有，名
萬物之母。故常無，欲，以觀其妙；常有，欲，以觀其徼。
此兩者同出而異名，同謂之玄，玄之又玄，眾妙之門。

名 詞 彙 整

道 ▸ 宇宙萬物自然運行的法

德 ▸ 回歸自然反璞歸真、無為而不爭

名 ▸ 宇宙萬物自然運行呈現的各種形態

道可道，非常道；名可名，非常名。

~~~~| 譯文 |~~~~

宇宙萬物自然運行所呈現的道理，不是一般所談的道理，宇宙萬物自然運行的各種形態，所呈現的各種外在形態，不是一般所陳述的各種外在型態。

無，名天地之始；有，名萬物之母。

~~~~| 譯文 |~~~~

宇宙萬物起源於「無」，沒有拘泥一定形態的存在，是為天地的起源根本；宇宙萬物所呈現的各種形態是為「有」，是為萬物孕育的根源。

故常無，欲以觀其妙；常有，欲以觀其徼。

~~~~| 譯文 |~~~~

所以以恆久遠，「無」為宇宙萬物起源，心所想以觀察「無」的奧妙；所以以恆久遠，「有」為宇宙萬物所呈現的各種形態，心所想以觀察「有」的外在形體變化。

此兩者同出而異名，同謂之玄，玄之又玄，眾妙之門。

~~~~| 譯文 |~~~~

「無」與「有」兩者根源相同而名稱相異，同樣叫做玄妙難測，玄妙難測中的奧妙，宇宙各種萬物奧妙之門。

老子學說　第二十五章

有物混成，先天地生。寂兮寥兮，獨立而不改，周行而不殆，可以爲天地母。吾不知其名，字之曰道，強爲之名曰大。大曰逝，逝曰遠，遠曰反。故道大，天大，地大，王亦大。域中有四大，而王居其一焉。人法地，地法天，天法道，道法自然。

有物混成，先天地生。寂兮寥兮，獨立而不改，周行而不殆，可以為天地母。

> **譯文**
>
> 天地萬物各種形態的構成，先有天而地產生。寂靜啊！稀少的事物啊，獨自變化而不更改，形成規律而不停止，可以成為孕育所有天地萬物的母親。

吾不知其名，字之曰道，強為之名曰大。大曰逝，逝曰遠，遠曰反。

> **譯文**
>
> 我不知道它叫甚麼名稱，就字而言稱為道，勉強給它名稱就稱為浩瀚無際的大。大到浩瀚無際就像忘了它的存在彷彿不見，大到彷彿不見可稱為遠大，遠大有其規律可稱為反。

故道大，天大，地大，王亦大。域中有四大，而王居其一焉。

> **譯文**
>
> 「道」為宇宙萬物運行的法，其浩瀚無邊的大，天為地面孕育萬物之先，以供地面萬物的滋養運行可知其大，地面供萬物活動並與天形成週期運行滋養萬物，以萬物而言可知其大，王領導管理眾人與眾人相關之各種事物，以眾人而言在其領域間的天下其亦大。宇宙空間有四種大，而王居其中一種。

老子哲學與生活

人法地，地法天，天法道，道法自然。

~~~┌譯文┐~~~~~~

人遵循地孕育萬物的法，地遵循天體運行的法，天遵循宇宙萬物運行的法，道遵循自然的法。

~~~~~~

老子哲學與生活

老子學說　第四十二章

道生一，一生二，二生三，三生萬物。萬物負陰而抱陽，沖氣以爲和。人之所惡，唯孤、寡、不穀，而王公以爲稱。故物或損之而益，或益之而損。人之所教，我亦教之。強梁者不得其死，吾將以爲教父。

道生一，一生二，二生三，三生萬物。萬物負陰而抱陽，沖氣以為和。

譯文
宇宙自然運行產生天地的形體，天地的形體產生陰陽。天地的形體中的陰陽產生蘊育生命的元素，生命的元素進而蘊育萬物。萬物依靠陰而懷抱陽，虛空之氣以做為調和。

人之所惡，唯孤、寡、不穀，而王公以為稱。

譯文
人類所不喜歡是孤獨、缺少、沒有才能，而王公以做為稱呼。

故物或損之而益，或益之而損。

譯文
因此事物或許貶損而受益，或許得到利益而損失。

人之所教，我亦教之。強梁者不得其死，吾將以為教父。

譯文
人們所教導的，我亦教導，剛強的稻梁無法得到他它應有的週期，我將以此做為教導的首則。

老子學說　第五十二章

天下有始，以爲天下母。既得其母，以知其子；既知其子，復守其母，沒身不殆。塞其兌，閉其門，終身不勤；開其兌，濟其事，終身不救。見小曰明，守柔曰強。用其光，復歸其明；無遺身殃，是爲習常。

天下有始，以為天下母。既得其母，以知其子；既知其子，復守其母，沒身不殆。

~~譯文

天下有了開始，以作為天下的本源，既然得到了天下的本源，可以知道天下生存的各種萬物與事物的蘊育，既然已知道天下生存的各種萬物與事物的蘊育，回歸守護天下的本源，逝去的外在形體沒有停止繁衍。

~~~~~~~~~~~~~~~~~~~~~~~~~~~~~~~~~~~~~~~

塞其兌，閉其門，終身不勤；開其兌，濟其事，終身不救。

~~譯文

塞住過多慾望的通道，關閉過多慾望對外的門戶，終身不用辛勞於此。打開慾望的通道，做有助於達到過多慾望的事，終身不易於此解脫。

~~~~~~~~~~~~~~~~~~~~~~~~~~~~~~~~~~~~~~~

見小曰明，守柔曰強。用其光，復歸其明；無遺身殃，是為習常。

~~譯文

看見事務微小之處是為明，守住柔弱是為強韌。用合於天性的良善光輝，在回歸合於天性的明亮，沒有遺留自身的麻煩，是所謂習慣的恆常。

~~~~~~~~~~~~~~~~~~~~~~~~~~~~~~~~~~~~~~~

老子哲學與生活

公眾篇

老子學說　第五十二章

天下有始，以爲天下母。既得其母，以知其子；既知其子，復守其母，沒身不殆。塞其兌，閉其門，終身不勤；開其兌，濟其事，終身不救。見小曰明，守柔曰強。用其光，復歸其明；無遺身殃，是爲習常。

天下有始，以為天下母。既得其母，以知其子；既知其子，復守其母，沒身不殆。

~~ 譯文 ~~

天下有了開始，以作為天下的本源，既然得到了天下的本源，可以知道天下生存的各種萬物與事物的蘊育，既然已知道天下生存的各種萬物與事物的蘊育，回歸守護天下的本源，逝去的外在形體沒有停止繁衍。

塞其兌，閉其門，終身不勤；開其兌，濟其事，終身不救。

~~ 譯文 ~~

塞住過多慾望的通道，關閉過多慾望對外的門戶，終身不用辛勞於此。打開慾望的通道，做有助於達到過多慾望的事，終身不易於此解脫。

見小曰明，守柔曰強。用其光，復歸其明；無遺身殃，是為習常。

~~ 譯文 ~~

看見事務微小之處是為明，守住柔弱是為強韌。用合於天性的良善光輝，在回歸合於天性的明亮，沒有遺留自身的麻煩，是所謂習慣的恆常。

老子學說　第三章

不尚賢，使民不爭；不貴難得之貨，使民不爲盜；不見可欲，使民心不亂。是以聖人之治，虛其心，實其腹，弱其志，強其骨。常使民無知無欲。使夫智者不敢爲也。爲無爲，則無不治。

不尚賢，使民不爭；不貴難得之貨，使民不為盜；不見可欲，使民心不亂。

> **譯文**
>
> 不刻意崇尚「賢」，人民不爭相仿效，不看重難以取得的貨物，讓人民不會從事盜取，沒有看見可以引起過多的欲望，讓人民心思不會混亂。

是以聖人之治，虛其心，實其腹，弱其志，強其骨。

> **譯文**
>
> 所以聖人的治理，沒有過多的欲望加諸在人民的心上，著重人民在飲食無虞，不強化人民過多志向，著重在人民的身強體健。

常使民無知無欲。使夫智者不敢為也。為無為，則無不治。

> **譯文**
>
> 通常讓人民沒有刻意地過多知道，沒有刻意地過多欲望。讓有些在公眾事務上，重視個人策劃的人不敢刻意作為。落實在公眾事務上沒有個人喜好的刻意作為，而順其整體正向發展的自然。則在公眾事務上沒有不能落實整體正向作為。

老子學說　第六十五章

古之善爲道者，非以明民，將以愚之。民之難治，以其智多。故以智治國，國之賊；不以智治國，國之福。知此兩者亦稽式。常知稽式，是謂玄德。玄德深矣，遠矣，與物反矣，然後乃至大順。

古之善為道者，非以明民，將以愚之。民之難治，以其智多。故
以智治國，國之賊；不以智治國，國之福。

~~| 譯文 |~~

古時候心地仁厚實踐「道」者，不是要民眾刻意看清每件事，
而是讓民眾敦厚樸實。民眾的事務之難以治理，因民眾學習過
度的精明與精算，因此為政者聰明精算每件事物在自身與民眾
是國家的傷害。不以過度精明計算每件事務治理國家，是國家
的福氣。

知此兩者亦稽式。常知稽式，是謂玄德。玄德深矣，遠矣，與物
反矣，然後乃至大順。

~~| 譯文 |~~

知道這兩者「非以明民、不以智治國」也符合稽核天地自然無
為的整體正向法則。恆常知道稽核天地自然無為的整體正向法
則，是所謂奧妙歸於自然無為的德。玄德深澳長遠，與萬物回
歸天地自然運行的道理，然後眾天下走向大順。

~心得彙整~

老子在本章似乎提醒善之從政者，不要刻意要民眾看清每件事的
缺失而以偏概全，忽略根本：飲食健康、身強體健（參第三章），
即避免忽略經濟民生，社會安定。也不宜以智治國，精算每件事
物在自身與民眾，應順乎天地整體正向的自然法則，以民眾身心
健康與安定為重，並順應天下萬物的自然運行而共存。

老子學說　第五十九章

治人事天，莫若嗇。夫唯嗇，是謂早服；早服謂之重積德；重積德則無不克；無不克則莫知其極；莫知其極，可以有國；有國之母，可以長久；是謂深根固柢，長生久視之道。

治人事天，莫若嗇。夫唯嗇，是謂早服；

> **譯文**
>
> 治理民眾向天學習效法，不正是有餘用不盡。只有有餘用不盡的原則，是所謂日出光輝的承擔；

早服謂之重積德；重積德則無不克；無不克則莫知其極；

> **譯文**
>
> 日出光輝的承擔是所謂著重在累積回歸自然無為的德的修行，重在累積回歸自然無為的德的修行則沒有不能順應自然克服的事務；沒有不能順應自然克服的事務則不正是知道此力量無窮盡的正向光輝的推動。

莫知其極，可以有國；有國之母，可以長久；是謂深根固柢，長生久視之道。

> **譯文**
>
> 不正是知道此力量無窮盡的正向光輝的推動，可以治理國家；有了國家順應自然之整體正向光輝的推動的根本，國家可以長久，是所謂深入瞭解順應自然與堅固重積德的根本，國家長久之整體正向光輝推動的道理。

老子學說　第三十二章

道常無名，樸雖小，天下莫能臣也。侯王若能守之，萬物將
自賓。天地相合，以降甘露，民莫之令而自均。始制有
名，名亦既有，夫亦將知止，知止所以不殆。譬道之在天
下，猶川谷之於江海。

道常無名，樸雖小，天下莫能臣也。侯王若能守之，萬物將自賓。

> **譯文**
>
> 「道」恆常沒有一定的外在形態與名字，自然樸實雖然小，天下沒有能駕馭它，領導管理眾人與領土內相關之事的王侯若能守「道」與自然樸實，天下萬物將自重而歸順。

天地相合，以降甘露，民莫之令而自均。

> **譯文**
>
> 天地相契合而降下甘露，民眾無須被命令而自己會分配分享。

始制有名，名亦既有，夫亦將知止，知止所以不殆。

> **譯文**
>
> 天地原始的運行有其各種外在形態的自然運行，各種外在形態的運行既然有其可見的規律，由此也將知道整體最佳可達到的狀況，知道天地整體最佳可達到的境界，人、萬物可以繁衍不停歇。

譬道之在天下，猶川谷之於江海。

> **譯文**
>
> 明白「道」的運行，實踐在侯王領導之天下，就如同川谷匯入於江海以順乎自然。

~心得小結~

老子論述天地孕育人與萬物而有天下的開始，人與萬物應守護天地間的天下，歸於整體正向自然以使人與萬物繁衍。人在天地間應減少過多的慾望，歸於天地間的自在，不為過多的慾望所辛勞而不能解脫，沒有遺留自身的麻煩（參第五十二章）。回歸「道」的自然樸實，天下間沒有誰能駕馭它，王侯若能守「道」與自然樸實，天下萬物將自重而歸順。就人而言天地自然運行，降下雨水以符合人們的需要，人們會將其所得自然地分配分享，知道此力量無窮盡的正向光輝的推動，可以治理國家（第五十九章），並以反璞歸真於自然無為已達有德並面對公眾事務順應自然以整體正向、無為而不爭，以百姓心為心的聖人輔佐治理國家（參第四十九章）。瞭解天地整體最佳可達到的境界並順應其整體正向的自然法則，人與萬物可以繁衍不停歇。明白「道」的運行，實踐在侯王領導之天下，就如同川谷匯入於江海以順乎自然（參第三十二章、第五十九章）。

老子哲學與生活

老子學說　第四十九章

聖人無常心，以百姓心爲心。善者吾善之；不善者吾亦善之，德善。信者吾信之，不信者吾亦信之，德信。聖人在天下，歙歙焉；爲天下，渾其心。百姓皆注其耳目，聖人皆孩之。

名詞彙整

聖人 ▶ 反璞歸真於自然無爲已達有德並面對公眾事務順應自然以整體正向、無爲而不爭。

聖人無常心，以百姓心為心。善者吾善之；不善者吾亦善之，德善。

譯文

聖人沒有恆常的心思，以百姓的心思為心思。良善的人我以良善對待他，沒有良善的人我也以相對在良善上應有的原則與責任以使善解對待他，是以回歸整體正向自然無為而不爭之德的良善呈現。

信者吾信之；不信者吾亦信之，德信。

譯文

信實的人我以信實對待他；沒有信實的人我也以相對在信實上應有的原則與責任對待他；是以回歸整體正向自然無為而不爭之德的信實呈現。

聖人在天下，歙歙焉；為天下，渾其心。百姓皆注其耳目，聖人皆孩之。

譯文

聖人身處在天下間，平和無所偏執，從事天下公眾事務時，融合其心，百姓都注意他公眾事務的言行，聖人心境像小孩一樣沒有過多的慾望，良善而順其自然。

老子哲學與生活

個人篇

老子學說　第五十二章

天下有始，以爲天下母。既得其母，以知其子；既知其子，復守其母，沒身不殆。塞其兌，閉其門，終身不勤；開其兌，濟其事，終身不救。見小曰明，守柔曰強。用其光，復歸其明；無遺身殃，是爲習常。

天下有始，以為天下母。既得其母，以知其子；既知其子，復守其母，沒身不殆。

~~~譯文~~~

天下有了開始，以作為天下的本源，既然得到了天下的本源，可以知道天下生存的各種萬物與事物的蘊育，既然已知道天下生存的各種萬物與事物的蘊育，回歸守護天下的本源，逝去的外在形體沒有停止繁衍。

塞其兌，閉其門，終身不勤；開其兌，濟其事，終身不救。

~~~譯文~~~

塞住過多慾望的通道，關閉過多慾望對外的門戶，終身不用辛勞於此。打開慾望的通道，做有助於達到過多慾望的事，終身不易於此解脫。

見小曰明，守柔曰強。用其光，復歸其明；無遺身殃，是為習常。

~~~譯文~~~

看見事務微小之處是為明，守住柔弱是為強韌。用合於天性的良善光輝，在回歸合於天性的明亮，沒有遺留自身的麻煩，是所謂習慣的恆常。

老子學說　第五十四章

善建者不拔，善抱者不脫，子孫以祭祀不輟。修之於身，其
德乃眞；修之於家，其德乃餘；修之於鄉，其德乃長；修之
於國，其德乃豐；修之於天下，其德乃普。故以身觀身，以
家觀家，以鄉觀鄉，以國觀國，以天下觀天下。吾何以知天
下然哉？以此。

善建者不拔，善抱者不脫，子孫以祭祀不輟。

~~譯文~~

善的倡議者不會有改變，善的擁抱者不會要離開，後代子孫以祭祀表達慎終追遠對祖先的飲水思源不會停止。

修之於身，其德乃真；修之於家，其德乃餘；修之於鄉，其德乃長；修之於國，其德乃豐；修之於天下，其德乃普。

~~譯文~~

善的實踐在於己身，善的德是真實的呈現；善的實踐在於家，善的德是有餘的呈現；善的實踐在於鄉里，善的德是源遠流長的呈現；善的實踐在國家，善的德是廣大的呈現；善的實踐在於天下，善的德是普及的呈現。

故以身觀身，以家觀家，以鄉觀鄉，以國觀國，以天下觀天下。吾何以知天下然哉？以此。

~~譯文~~

所以在以身為重心觀察身在天地間的德，所以在以家為重心觀察家在天地間的德，所以在以鄉里為重心觀察鄉里在天地間的德，所以在以國家為重心觀察國家在天地間的德，所以在以天下為重心觀察天下在天地間的德。老子如何以知道天下的狀況，以這個法。

老子學說 第二章

天下皆知美之爲美，斯惡已；皆知善之爲善，斯不善已。故有無相生，難易相成，長短相較，高下相傾，音聲相和，前後相隨。是以聖人處無爲之事，行不言之教。萬物作焉而不辭，生而不有，爲而不恃，功成而弗居。夫唯弗居，是以不去。

天下皆知美之為美，斯惡已；皆知善之為善，斯不善已。

~~~ 譯文 ~~~

天下都知道美的事物，將其視為美而刻意為之，如此則不好了；天下都知道良善的表現，將其視為善而刻意為之，如此則不能到良善的圓滿了。

~~~~~~

故有無相生，難易相成，長短相較，高下相傾，音聲相和，前後相隨。

~~~ 譯文 ~~~

因此有與無相互孕育，難與易相互對照，長與短相互比較，高與低位置上相對，音調與聲音相配合 ，前與後相跟從。

~~~~~~

是以聖人處無為之事，行不言之教；萬物作焉而不辭，生而不有，為而不恃，功成而弗居。夫唯弗居，是以不去。

~~~ 譯文 ~~~

所以聖人面對事物沒有刻意作為，順其事務的自然圓滿，行事上以無為對他人的影響與教導，不在言詞上；宇宙萬物運行而不停止，孕育而不佔，有順應自然的正向作為而不依賴、憑藉。事務圓滿完成而不居功。只有沒有居功，所以沒有捨棄功與否的問題。

~~~~~~

老子學說　第八章

上善若水。水善利萬物而不爭，處眾人之所惡，故幾於
道。居善地，心善淵，與善仁，言善信，正善治，事善
能，動善時。夫唯不爭，故無尤。

上善若水。水善利萬物而不爭，處眾人之所惡，故幾於道。

~~~ 譯文 ~~~

完美的善像水，水善於利益萬物而不與萬物爭，處在眾人所不喜歡的地方，所以幾乎接近於道。

居善地，心善淵，與善仁，言善信，正善治，事善能，動善時。

~~~ 譯文 ~~~

良善對待所處的地方，良善是心的根源，良善與人相處而有同理心，良善的言詞而有信用，良善合於道而不偏移的治理公眾事務，良善的完備處理事務的能力，良善的作為合於時宜。

夫唯不爭，故無尤。

~~~ 譯文 ~~~

因為只有無所爭，所以沒有怨尤。

老子學說　第十一章

三十輻共一轂，當其無，有車之用。埏埴以爲器，當其
無，有器之用。鑿戶牖以爲室，當其無，有室之用。故有之
以爲利，無之以爲用。

三十輻共一轂，當其無，有車之用。

~~~　譯文　~~~

三十支輪轅，共同在車輪中心，而車子可以行走，將這件事的益處，當作不是自己獨享佔有。自然有需要的人知道車子的發明而運用車子。

~~~~~~~~~~~~~~~~~~~~~~~~~~~~~~~~~~~~~

埏埴以為器，當其無，有器之用。

~~~　譯文　~~~

以土地上的黏土做成器具，而器具可以使用，將這件事的益處，當作不是自己獨享佔有。自然有需要的人知道這個器具的發明而運用器具。

~~~~~~~~~~~~~~~~~~~~~~~~~~~~~~~~~~~~~

鑿戶牖以為室，當其無，有室之用。

~~~　譯文　~~~

挖牆作門口與窗子以構成房子，而房子可以居住，將這件事的益處，當作不是自己獨享佔有。自然有需要的人知道這個房子的發明而運用房子。

~~~~~~~~~~~~~~~~~~~~~~~~~~~~~~~~~~~~~

故有之以為利，無之以為用。

~~~　譯文　~~~

因此有了事物的製作而有該事物在生活上的益處，沒有將該事物益處為自己獨享佔有，自然有需要的人可以使用。

~~~~~~~~~~~~~~~~~~~~~~~~~~~~~~~~~~~~~

老子學說　第十九章

絕聖棄智，民利百倍；絕仁棄義，民復孝慈；絕巧棄利，盜賊無有。此三者，以爲文不足，故令有所屬：見素抱樸，少私寡欲。

絕聖棄智，民利百倍；

~~ 譯文 ~~~~~~

斷絕對「聖」的過多推崇，捨棄對「智」的過多強調，民眾受益百倍。

~~~~~~

絕仁棄義，民復孝慈；

~~ 譯文 ~~~~~~

斷絕對「仁」的過多推崇，捨棄對「義」的過多強調，民眾自然回復到孝慈的本質為起點：「飲水思源的孝與待人和氣有愛心的慈」。

~~~~~~

絕巧棄利，盜賊無有。

~~ 譯文 ~~~~~~

斷絕對精巧事務的過多推崇，捨棄對「利」的過多強調，盜賊自然不會有。

~~~~~~

此三者以為文不足，故令有所屬：見素抱樸，少私寡欲。

~~ 譯文 ~~~~~~

上述三者用文字不足以表達，因此讓上述三者有所歸屬，去看見人在天地間自然的良善本質擁抱自然樸實的本質，很少的私心與沒有過多的慾望。

~~~~~~

老子學說　第三十八章

上德不德，是以有德；下德不失德，是以無德。上德無爲而
無以爲；下德爲之而有以爲。上仁爲之而無以爲；上義爲之
而有以爲。上禮爲之而莫之應，則攘臂而扔之。故失道而後
德，失德而後仁，失仁而後義，失義而後禮。夫禮者，忠信
之薄，而亂之首。前識者，道之華，而愚之始。是以大丈夫
處其厚，不居其薄；處其實，不居其華。故去彼取此。

上德不德，是以有德；下德不失德，是以無德。

---譯文---

完全真實地歸於自然無為的德行是沒有德與不德的名稱界定，是真實地歸於自然無為而不爭；其次崇尚歸於自然無為的德行而沒有偏離自然無為而不爭的德行，是遵行其法則，這還沒有完全真實地歸於自然無為的德行。

上德無為而無以為；下德為之而有以為。

---譯文---

真實自然無為而不爭的德行，順其自然而圓滿沒有刻意的做為而沒有以為自身特別做了什麼；其次遵行自然無為而不爭的德行，沒有偏離其原則的作為而有瞭解自身特別做了什麼。

上仁為之而無以為；上義為之而有以為。上禮為之而莫之應，則攘臂而扔之。

---譯文---

真實的仁，有所正向作為而沒有以為自身特別作了什麼，真實的義，有所正向作為而瞭解自身特別作了什麼。真實的禮節，有所禮節規範的作為而沒有得到回應，則張開臂而捨棄它。

故失道而後德，失德而後仁，失仁而後義，失義而後禮。

~~~ 譯文 ~~~

因此沒有到達「道」而其次先遵循以「德」，沒有到達「德」而其次修養「仁」，沒有到達「仁」而其次先遵行以「義」，沒有到達「義」而其次先遵循以「禮」。

~~~~~~

夫禮者，忠信之薄，而亂之首。前識者，道之華，而愚之始。

~~~ 譯文 ~~~

是呀！禮節的規範是誠心於整體正向圓滿，待人誠信的最外在膚淺表現，也是動盪為亂者的開端。瞭解前述的人，知道「禮」是「道」的文飾，也是愚昧的根源。

~~~~~~

是以大丈夫處其厚，不居其薄；處其實，不居其華。故去彼取此。

~~~ 譯文 ~~~

所以大丈夫居在「道」的深厚處，不居在「道」的外在膚淺表現，居在「道」的實質內涵，不居在「道」的文飾。因此捨棄過多的禮節，而取「道」的厚實。

~~~~~~

~心得彙整~

老子主張回歸人良善的本質「孝慈」（孝是飲水思源的表現、慈是待人和氣與愛心）是善的本源，應回歸本源做起，無需過度刻意強調仁（良善而有同理心的孝慈對人困難的幫助是自發性地自然而然）與義，（重視社會公益與正義對人困難的幫助是基於對社會責任的認知與慈的展現），因在學習「道」的過程自然會有仁義特質的展現（參第十九章、第三十七章）。因此可瞭解孝慈、仁義、德皆是「善」的本質在學習「道」的過程自然會隨其對「道」的瞭解與深體認並內化而呈現 （參第八章）。因此不宜刻意強調，形成過多的束縛，做不到反而可能產生忽略「孝慈」的瑕疵。同時提醒「禮」是「道」的最外在的膚淺表現，倘若沒有回歸人的良善本質「孝慈」進而在學習「道」的過程自然會有仁義特質的展現。而是僅著重「禮」的學習則是為亂者的開端與自身的困擾。

~心得彙整~

「仁」▶是良善而有同理心，因此順應事務整體正向發展而不自覺的有所正向作為而當下沒有以為自身特別作了什麼。

「義」▶是重視誠信、重視公義、樂於助人，因此順應事務整體正向發展，基於重視誠信、重視公義而自發性有所正向作為而當下瞭解自身特別作了什麼。

老子學說　第七十一章

知，不知，上；不知，知，病。夫唯病病，是以不病。聖人不病，以其病病，是以不病。

知，不知，上；不知，知，病。夫唯病病，是以不病。

~~**譯文**~~~~~~

知道，當作不清楚，是好的；不知道，當作清楚，是毛病、缺點。正是犯過這種毛病而瞭解，因此不犯這種毛病。

~~~~~~

聖人不病，以其病病，是以不病。

~~**譯文**~~~~~~

聖人不犯這種毛病，因為他犯過這毛病而瞭解，因此不犯這種毛病。

~~~~~~

【備註】呼應第二章、第十九章。

老子學說　第二十章

絕學無憂，唯之與阿，相去幾何？善之與惡，相去若何？人之所畏，不可不畏。荒兮，其未央哉！眾人熙熙，如享太牢，如春登台。我獨泊兮其未兆；如嬰兒之未孩；儽儽兮，若無所歸。眾人皆有餘，而我獨若遺。我愚人之心也哉，沌沌兮！俗人昭昭，我獨昏昏；俗人察察，我獨悶悶。澹兮其若海，飂兮，若無止。眾人皆有以，而我獨頑似鄙。我獨異於人，而貴食母。

絕學無憂，唯之與阿，相去幾何？

~~~ 譯文 ~~~~~~
斷絕學問的刻意學習沒有憂慮，唯命是從與迎合奉承相差有多少呢？
~~~~~~

善之與惡，相去若何？人之所畏，不可不畏。

~~~ 譯文 ~~~~~~
良善的行為與惡，相差是如何呢？人們所害怕，不能忽視不害怕。
~~~~~~

荒兮，其未央哉！眾人熙熙，如享太牢，如春登台。

~~~ 譯文 ~~~~~~
荒廢了人歸於天地自然，沒有在其核心呀！眾人忙碌嬉戲歡樂，像享受在巨大框架中活動，像是春天時登上高台。
~~~~~~

我獨泊兮其未兆；沌沌兮，如嬰兒之未孩；

~~~ 譯文 ~~~~~~
我獨自漂泊在歸於天地自然之中，沒有事先預兆；像嬰兒一樣尚未是小孩之前。
~~~~~~

儽儽兮，若無所歸。眾人皆有餘，而我獨若遺。我愚人之心也哉，沌沌兮！

> **譯文**
>
> 事務繁多像沒有歸處，眾人都賸餘諸多事務而唯獨我像是遺忘了要賸餘諸多事務。

我愚人之心也哉，沌沌兮！俗人昭昭，我獨昏昏。俗人察察，我獨悶悶。

> **譯文**
>
> 我是愚人的心呀！愚昧而無所推知！世俗的人雪亮看著每件事務，我獨模糊不清而順其自然沒有刻意明辨，世俗的人仔細察看精算，我獨自沉靜。

澹兮其若海，飂兮若無止。眾人皆有以，而我獨頑似鄙。我獨異於人，而貴食母。

> **譯文**
>
> 恬靜平和的心在天地中像大海般寬闊，颳起西風像是沒有停歇。眾人都追求而唯獨我像是頑固無所刻意作為，我獨自與他人不同，而重視飲食的根源。

~心得彙整~

老子本章（第二十章）提醒人無須刻意的學問追求與第十一章相呼應，應順其自然發展提供正向所長，應回歸身心自在並注重飲食的根源，也就是應依興趣或所能學成的專長在工作上獲得酬勞，對社會有所正向貢獻並重視身心健康，同時在第二章表示無須刻意比較，順天地其自然的整體正向，沒有刻意比較與做為，避免紛擾。在學習「道」的過程從人本有良善的孝慈（參第十九章），以順其整體正向光輝推動，自然歷經孝慈、義、仁、德（參第三十八章、第七十一章）以「道」回歸天地自然無為為價值。同時瞭解唯命是從與迎合奉承的差別、瞭解良善的行為與惡的差別，避免過多慾望所辛勞而不能解脫，沒有遺留自身的麻煩（參第五十二章）。荒廢了人歸於天地自然，過多慾望的追求而忙碌嬉戲歡樂，像享受在巨大框架中活動，像是春天時登上高台，終身辛勞而不能解脫。應回歸身心自在並注重飲食的根源。在回歸天地整體正向的自然而共同守護天地間的眾天下（參第五十二章）。

老子學說　第二十二章

曲則全，枉則直，窪則盈，敝則新，少則得，多則惑。是以聖人抱一爲天下式。不自見，故明；不自是，故彰；不自伐，故有功；不自矜，故長。夫唯不爭，故天下莫能與之爭。古之所謂曲則全者，豈虛言哉！誠全而歸之。

「曲則全,枉則直,窪則盈,敝則新,少則得,多則惑。」是以
聖人抱一為天下式。

~~~ 譯文

彎曲而周全則能圓滿,矯正則能正直,地上有坑洞則水入而
滿,東西陳舊衰敗則代謝更新,少了則獲得補足,多了則困
惑。由此聖人擁抱天地整體正向自然法則為身處天下的準則。

不自見,故明;不自是,故彰;不自伐,故有功;不自矜,故長。

~~~ 譯文

不自身主觀的定見,所以能客觀清楚明白;不自以為是,所以
能彰顯事務客觀的事實;不自身誇耀,所以能建立功績;不自
大所以能長久。

夫唯不爭,故天下莫能與之爭。

~~~ 譯文

只有無為而不爭,所以天下沒有誰與其爭。

古之所謂「曲則全」者,豈虛言哉!誠全而歸之。

~~~ 譯文

古代所謂彎曲而周全則能圓滿的言語,豈是不切實際的話嗎!
誠心圓滿而歸於整體正向自然。

【備註】「道」▶宇宙萬物自然運行的法，第四十二章言：「道
　　　　生一」指「宇宙自然運行產生天地的形體」，故知「一」
　　　　為天地。

老子學說　《道德經》第一章

道可道，非常道；名可名，非常名。無，名天地之始；有，名萬物之母。故常無，欲以觀其妙；常有，欲以觀其徼。此兩者同出而異名，同謂之玄，玄之又玄，眾妙之門。

名詞彙整

道 ▶ 宇宙萬物自然運行的法

德 ▶ 回歸自然反璞歸真、無為而不爭

名 ▶ 宇宙萬物自然運行呈現的各種形態

道可道，非常道；名可名，非常名。

> **譯文**
>
> 宇宙萬物自然運行所呈現的道理，不是一般所談的道理，宇宙萬物自然運行的各種形態，所呈現的各種外在形態，不是一般所陳述的各種外在型態。

無、名天地之始；有、名萬物之母。

> **譯文**
>
> 宇宙萬物起源於「無」，沒有拘泥一定形態的存在，是為天地的起源根本；宇宙萬物所呈現的各種形態是為「有」，是為萬物孕育的根源。

故常無，欲以觀其妙；常有，欲以觀其徼。

> **譯文**
>
> 所以以恆久遠，「無」為宇宙萬物起源，心所想以觀察「無」的奧妙；所以以恆久遠，「有」為宇宙萬物所呈現的各種形態，心所想以觀察 「有」的外在形體變化。

此兩者同出而異名，同謂之玄，玄之又玄，眾妙之門。

> **譯文**
>
> 「無」與「有」兩者根源相同而名稱相異，同樣叫做玄妙難測，玄妙難測中的奧妙，宇宙各種萬物奧妙之門。

*老*子學說　第二章

天下皆知美之爲美，斯惡已；皆知善之爲善，斯不善已。故有無相生，難易相成，長短相較，高下相傾，音聲相和，前後相隨。是以聖人處無爲之事，行不言之教。萬物作焉而不辭，生而不有，爲而不恃，功成而弗居。夫唯弗居，是以不去。

名詞彙整

聖人▶反璞歸真於自然無為已達有德並面對公眾事務順應自然以整體正向、無為而不爭。

天下皆知美之為美，斯惡已；皆知善之為善，斯不善已。

~~~ 譯文 ~~~

天下都知道美的事物，將其視為美而刻意為之，如此則不好了；天下都知道良善的表現，將其視為善而刻意為之，如此則不能達到良善的圓滿了。

心得小棧：

老子主張人天性有孝慈（孝是飲水思源的表現、慈是待人和氣與愛心）是善的本源，應回歸本源做起，無需過度刻意強調仁（有同理心的孝慈對人困難的幫助是自發性地自然而然）與義，（重視社會公益與正義對人困難的幫助是基於對社會責任的認知與慈的展現），因在學習「道」的過程自然會有仁義特質的展現（參第十九章、第三十八章）。因此可瞭解孝慈、仁義、德皆是「善」的本質在學習「道」的過程自然會隨其對「道「的瞭解與深入體認並內化而呈現。（參第八章）

故有無相生，難易相成，長短相較，高下相傾，音聲相和，前後相隨。

~~~ 譯文 ~~~

因此有與無相互孕育，難與易相互對照，長與短相互比較，高與低位置上相對，音調與聲音相配合，前與後相跟從。

是以聖人處無為之事，行不言之教；萬物作焉而不辭，生而不有，為而不恃，功成而弗居。夫唯弗居，是以不去。

譯文

所以聖人面對事物沒有刻意作為，順其事務的自然圓滿，行事上以無為對他人的影響與教導，不僅在言詞上；宇宙萬物自然運行而不停止，孕育而不佔，有順應自然的正向作為而不依賴、憑藉。事務圓滿完成而不居功。只有沒有居功，所以沒有捨棄功與否的問題。

老子哲學與生活

老子學說　第三章

不尚賢，使民不爭；不貴難得之貨，使民不爲盜；不見可欲，使民心不亂。是以聖人之治，虛其心，實其腹，弱其志，強其骨。常使民無知無欲。使夫智者不敢爲也。爲無爲，則無不治。

不尚賢，使民不爭；不貴難得之貨，使民不為盜；不見可欲，使民心不亂。

~~| 譯文 |~~

不刻意崇尚「賢」，人民不爭相仿效，不看重難以取得的貨物，讓人民不會從事盜取，沒有看見可以引起過多的欲望，讓人民心思不會混亂。

是以聖人之治，虛其心，實其腹，弱其志，強其骨。

~~| 譯文 |~~

所以聖人的治理，沒有過多的欲望加諸在人民的心上，著重人民在飲食無虞，不強化人民過多志向，著重在人民的身強體健。

常使民無知無欲。使夫智者不敢為也。為無為，則無不治。

~~| 譯文 |~~

通常讓人民沒有刻意地過多知道，沒有刻意地過多欲望。讓有些在公眾事務上，重視個人策劃的人不敢刻意作為。落實在公眾事務上沒有個人喜好的刻意作為，而順其整體正向發展的自然。則在公眾事務上沒有不能落實整體正向作為。

*老*子學說　第四章

道沖，而用之或不盈。淵兮似萬物之宗。挫其銳，解其紛，
和其光，同其塵，湛兮似或存。吾不知誰之子，象帝之先。

道沖，而用之或不盈。淵兮似萬物之宗。

~~ 譯文 ~~~~~~~~~~~~~~~~~~~~~~~~~~~~~~~~~~

宇宙萬物自然運行的呈現是虛空，而其功能的發揮，好像沒有窮盡。深遠啊！就像是萬物的根源。

~~~~~~

挫其銳，解其紛，和其光，同其塵，湛兮似或存。

~~ 譯文 ~~~~~~~~~~~~~~~~~~~~~~~~~~~~~~~~~~

消除其銳利，化解其紛爭，調和其光亮，同化其各種大小形態的物質，沒有又似乎存在。

~~~~~~

吾不知誰之子，象帝之先。

~~ 譯文 ~~~~~~~~~~~~~~~~~~~~~~~~~~~~~~~~~~

我不知其根源，在宇宙萬物各種形態創立之前。

~~~~~~

老子學説　第五章

天地不仁，以萬物爲芻狗；聖人不仁，以百姓爲芻狗。天地之間，其猶橐籥乎？虛而不屈，動而愈出。多言數窮，不如守中。

天地不仁，以萬物為 芻狗；聖人不仁，以百姓為芻狗。

~~~ 譯文 ~~~~~~~~~~~~~~~~~~~~~~~~~~~~~~~~~~~~~

天地若非順「道」之自然正向無為而是主導一個時空則沒有良
善的同理心，將其萬物視為牛羊；聖人若非順「道」之自然以
整體正向無為而是主導公眾事務則沒有良善的同理心，將其百
姓視為的牛羊。

~~~~~~

【備註】《韻會》：羊曰芻，犬曰豢，皆以所食得名。《疏》芻者飼
　　　　牛馬之草。

天地之間，其猶 橐籥乎?

~~~ 譯文 ~~~~~~~~~~~~~~~~~~~~~~~~~~~~~~~~~~~~~

天地的時空，像是鼓風箱嗎？

~~~~~~

虛而不屈，動而愈出。多言數窮，不如守中。

~~~ 譯文 ~~~~~~~~~~~~~~~~~~~~~~~~~~~~~~~~~~~~~

虛空自然不預設立場而順其自然沒有委屈與否，刻意做為而更
加多種狀況。過多的言論大多見其底而自限，不如保持順其自
然不預設立場。

~~~~~~

老子學說　第六章

谷神不死，是謂玄牝。玄牝之門，是謂天地根。緜緜若存，
用之不勤。

谷神不死，是謂玄牝。玄牝之門，是謂天地根。

~~ 譯文 ~~~~~~

大地蘊藏的生命力源源不絕，是為深奧不易理解為萬物的根源。玄牝的出入之處，是所謂天地孕育的根源。

~~~~~~

綿綿若存，用之不勤。

~~ 譯文 ~~~~~~

存續不斷，自然運行發揮不勞累。

~~~~~~

老子學說　第七章

天長地久。天地所以能長且久者，以其不自生，故能長
生。是以聖人後其身而身先；外其身而身存。非以其無私
邪？故能成其私。

天長地久。天地所以能長且久者，以其不自生，故能長生。

~~~ 譯文 ~~~

天體運行永遠、大地存續久遠。天體運行與大地所以能永遠與
久遠，以天體運行與大地沒有自我意志主宰演變，所以能長長
久久生生不息。

~~~~~~

是以聖人後其身而身先；外其身而身存。

~~~ 譯文 ~~~

由此可知，聖人自身意見放在後而自然自身能領導；自身立場
（位階）放在外而自然自身能客觀、清楚的參與事務。

~~~~~~

非以其無私邪？故能成其私。

~~~ 譯文 ~~~

不正是因聖人沒有預設自身意見與立場嗎？因此能成就自身的
工作。

~~~~~~

老子學說　第八章

上善若水。水善利萬物而不爭，處眾人之所惡，故幾於道。
居善地，心善淵，與善仁，言善信，正善治，事善能，動善
時。夫唯不爭，故無尤。

上善若水。水善利萬物而不爭，處眾人之所惡，故幾於道。

~~**譯文**~~

完美的善像水，水善於利益萬物而不與萬物爭，處在眾人所不喜歡的地方，所以幾乎接近於道。

居善地，心善淵，與善仁，言善信，正善治，事善能，動善時。

~~**譯文**~~

良善對待所處的地方，良善是心的根源，良善與人相處而有同理心，良善的言詞而有信用，良善合於道而不偏移的治理公眾事務，良善的完備處理事務的能力，良善的作為合於時宜。

夫唯不爭，故無尤。

~~**譯文**~~

因為只有無所爭，所以沒有怨尤。

*老*子學說　第九章

持而盈之，不如其已。揣而銳之，不可長保。金玉滿堂，莫
之能守。富貴而驕，自遺其咎。功遂身退，天之道。

持而盈之，不如其已。揣而銳之，不可長保。

> ~~ 譯文 ~~~~~~~~~~~~~~~~~~~~~~~~~~~~~~~~~~~~~~
>
> 拿著時而一直滿到溢出來，何不讓它這樣就停止在目前滿的狀
> 況不再一直滿到溢出來。敲擊而讓它銳利，無法可以長期維持
> 銳利。

金玉滿堂，莫之能守；富貴而驕，自遺其咎。

> ~~ 譯文 ~~~~~~~~~~~~~~~~~~~~~~~~~~~~~~~~~~~~~~
>
> 黃金與玉滿屋子，沒有人能夠永遠守著；財富與地位而產生
> 驕，自身遺留因此的罪過。

功遂身退，天之道。

> ~~ 譯文 ~~~~~~~~~~~~~~~~~~~~~~~~~~~~~~~~~~~~~~
>
> 成就事務完善，自身不執著其功勞，天體自然運行的道理。

老子學說　第十章

載營魄抱一，能無離乎？專氣致柔，能嬰兒乎？滌除玄覽，能無疵乎？愛民治國，能無知乎？天門開闔，能無雌乎？明白四達，能無為乎？生之、畜之，生而不有，為而不恃，長而不宰。是謂玄德。

載營魄抱一，能無離乎？專氣致柔，能嬰兒乎？滌除玄覽，能無疵乎？

承載著營魄（人的形體與生命）密合為一體，能歸於自然沒有困惑分離嗎？用心於精氣，致力於柔和，能像嬰兒一樣嗎？洗滌去除觀察到自身玄妙歸於自然，能達到沒有困惑的瑕疵嗎？

愛民治國，能無知乎？天門開闔，能無雌乎？明白四達，能無為乎？

熱愛人民治理國家，能沒有主觀認知嗎？天體自然運行產生萬物繁衍，能沒有沉迷雌性嗎？通曉明白各種道理，能沒有刻意作為嗎？

生之、畜之，生而不有，為而不恃，長而不宰。是謂玄德。

天地間生命的誕生，生命的滋養，孕育生命而不佔有，產生萬物的自然運行而不依賴與憑藉，滋養萬物的生長而不主宰。是所謂奧妙地歸於自然無為而不爭的德行。

*老*子學說　第十一章

三十輻共一轂，當其無，有車之用。埏埴以爲器，當其
無，有器之用。鑿戶牖以爲室，當其無，有室之用。故有之
以爲利，無之以爲用。

三十輻共一轂，當其無，有車之用。

~~| 譯文 |~~

三十支輪輳，共同在車輪中心，而車子可以行走，將這件事的
益處，當作不是自己獨享佔有。自然有需要的人知道車子的發
明而運用車子。

埏埴以為器，當其無，有器之用。

~~| 譯文 |~~

以土地上的黏土做成器具，而器具可以使用，將這件事的益
處，當作不是自己獨享佔有。自然有需要的人知道這個器具的
發明而運用器具。

鑿戶牖以為室，當其無，有室之用。

~~| 譯文 |~~

挖牆作門口與窗子以構成房子，而房子可以居住，將這件事的
益處，當作不是自己獨享佔有。自然有需要的人知道這個房子
的發明而運用房子。

故有之以為利，無之以為用。

~~| 譯文 |~~

因此有了事物的製作而有該事物在生活上的益處，沒有將該事
物益處為自己獨享佔有，自然有需要的人可以使用。

老子學說　第十二章

五色令人目盲；五音令人耳聾；五味令人口爽；馳騁畋獵，令人心發狂；難得之貨，令人行妨。是以聖人為腹不為目，故去彼取此。

五色令人目盲；五音令人耳聾；五味令人口爽。

譯文

多樣的色彩易使人眼花撩亂，無法看清事物的本質；多樣的聲音易使人耳朵不易辨清，無法聽清事物的本質；多樣的味道易使人沉迷口慾。

馳騁畋獵，令人心發狂；難得之貨，令人行妨。

譯文

騎馬快速奔馳在原野間打獵，易使人心狂亂；不易獲得的財貨，使人行事上有所妨礙。

是以聖人為腹不為目，故去彼取此。

譯文

因此可知聖人日常生活注意飲食健康而不以過多目標追求，因此捨棄過多目標追求而重視飲食健康。

老子學說　第十三章

寵辱若驚，貴大患若身。何謂寵辱若驚？寵為下，得之若驚，失之若驚，是謂寵辱若驚。何謂貴大患若身？吾所以有大患者，為吾有身，及吾無身，吾有何患？故貴以身為天下者，若可寄天下；愛以身為天下者，若可託天下。

寵辱若驚，貴大患若身。何謂寵辱若驚？寵為下，得之若驚，失之若驚，是謂寵辱若驚。

~~| 譯文 |~~

被寵愛、被捨棄就像來到吃驚的狀況，尊貴就像大的憂患來到身邊。什麼是寵辱若驚？被寵愛為身居於下，得到額外的好處，當得到就像來到吃驚的狀況，當失去就像來到吃驚的狀況。

何謂貴大患若身？吾所以有大患者，為吾有身，及吾無身，吾有何患？

~~| 譯文 |~~

什麼是貴大患若身？我所以有大的憂患，因為我有重視自身的尊貴，當達到回歸自然、無為，我有什麼憂患呢？

故貴以身為天下者，若可寄天下；愛以身為天下者，若可託天下。

~~| 譯文 |~~

因此重視尊貴與好的名聲而以自身為天下的公眾事務，像這樣可以寄託天下的公眾事務；重視仁愛而以自身為天下的公眾事務，像這樣可以託付天下的公眾事務。

【備註】重視尊貴與好的名聲仍好於重視自身喜好厭惡，因其更易忽視公眾事務的整體正向發展。

老子學說　第十四章

視之不見，名曰夷；聽之不聞，名曰希；搏之不得，名曰微。此三者，不可致詰，故混而為一。其上不皦，其下不昧，繩繩兮不可名，復歸於無物。是謂無狀之狀，無物之象，是謂恍惚。迎之不見其首，隨之不見其後。執古之道，以御今之有。能知古始，是謂道紀。

視之不見，名曰夷；聽之不聞，名曰希；搏之不得，名曰微。此三者，不可致詰，故混而為一。

~~譯文~~

道運行在時空的過程看也看不見稱為夷，聽也聽不到稱為希；抓也抓不到稱為微，此三者無法探究，由此可知混為一體。

其上不皦，其下不昧，繩繩兮不可名，復歸於無物。

~~譯文~~

其上不會顯得清晰明亮，其下不會顯得昏昧不清楚，連綿不斷無法命名，之後回歸到沒有任何物體。

是謂無狀之狀，無物之象，是謂恍惚。迎之不見其首，隨之不見其後。

~~譯文~~

是所謂沒有任何形態的狀況，沒有任何物體的呈現，是所謂恍惚（忽然之間，模模糊糊）。正向往前看不到他的前面，跟隨在後也看不見他的後面。

執古之道，以御今之有。能知古始，是謂道紀。

~~譯文~~

掌握了解遠古時期之道的演變，以了解掌握現今的狀況。能知道遠古的起源是所謂道的紀元。

老子學說　第十五章

古之善爲士者，微妙玄通，深不可識。夫唯不可識，故強爲之容：豫兮若冬涉川；猶兮若畏四鄰；儼兮其若客；渙兮其若冰之將釋；敦兮其若樸；曠兮其若谷；混兮其若濁。孰能濁以靜之徐清？孰能安以久，動之徐生？保此道者不欲盈。夫唯不盈，故能蔽不新成。

古之善為士者，微妙玄通，深不可識。

~~~譯文~~~

古時候歸於自然之良善的人從事士大夫工作的人，深且廣不能清楚辨識瞭解。

夫唯不可識，故強為之容：豫兮若冬涉川；猶兮若畏四鄰；儼兮其若客；渙兮其若冰之將釋；敦兮其若樸；曠兮其若谷；混兮其若濁。孰能濁以靜之徐清？孰能安以久，動之徐生？。

~~~譯文~~~

也就是因為不能清楚辨識瞭解，因此強有力的作為蘊藏大自然無為、無爭包容的道理：參與政事就像冬天要涉水過河，謹慎小心，謹慎思慮就像擔心害怕產生周圍鄰居的困擾，莊重嚴謹的態度就像奔走各地從事公眾活動與事務應有的態度，散難釋險就像冰將要融化，敦厚的本質就像自然樸實一樣，寬廣的心，就像山谷一樣，混雜的事務像濁水一樣混濁難辨，誰能將混濁難辨的的事物以清靜的心，釐清各種事物，誰自然能處於安定而長久，其作為讓祥和在生活中呈現。

【備註】《易‧正義》：渙者，散釋之名。大德之人，建功立業。散難釋險，故謂之渙。

保此道者不欲盈。夫唯不盈，故能蔽不新成。

~~~ 譯文 ~~~~~~

瞭解而保有此道者，內心清淨不會盈滿（自信滿滿），正是內心清淨不會盈滿，因此能客觀審視處理原有事務，不會產生新的問題要處理。

~~~~~~

老子哲學與生活

老子學說　第十六章

致虛極，守靜篤。萬物並作，吾以觀復。夫物芸芸，各復歸其根。歸根曰靜，是曰復命。復命曰常，知常曰明。不知常，妄作凶。知常容，容乃公，公乃王，王乃天，天乃道，道乃久，沒身不殆。

致虛極，守靜篤。萬物並作，吾以觀復。夫物芸芸，各復歸其根。

~~⌈**譯文**⌉~~~~~~~~~~~~~~~~~~~~~~~~~~~~~~~~~~~~~~

達到虛空的完全境界而無掛礙，秉持心無掛礙的靜心而觀的境
界，天地萬物生生不息的運行，秉持心達虛空的靜心以觀看天
地萬物自然運行的週期變化。是萬物茂盛繁衍，各自回到原始
的根本。

~~~~~~

【備註】「致虛極，守靜篤」與佛學的虛空相呼應。

歸根曰靜，是曰復命。復命曰常，知常曰明。不知常，妄作凶。

~~⌈**譯文**⌉~~~~~~~~~~~~~~~~~~~~~~~~~~~~~~~~~~~~~~

歸於根本是為平和、寧靜，是所謂萬物自然運行的天命週期變
化。萬物自然運行的天命週期變化是為「常」清楚知道「常」
是為「明」。不知道「常」，自然胡亂作為而產生背離萬物自然
運行的災難。

~~~~~~

知常容，容乃公，公乃王，王乃天，天乃道，道乃久，沒身不殆。

~~⌈**譯文**⌉~~~~~~~~~~~~~~~~~~~~~~~~~~~~~~~~~~~~~~

清楚知道「常」自然瞭解大自然無為包容的道理，容是公眾事
物準則，公眾事物平和寧靜是王的領導準則，王的領導以容是
天體運行的準則，天體運行是道的準則，道是恆久不變，道的
恆久運行萬物繁衍，外在形體有無的更替沒有停止。

~~~~~~

老子學說　第十七章

太上，不知有之，其次親而譽之，其次畏之，其次侮之。信不足焉，有不信焉。悠兮其貴言，功成事遂，百姓皆謂我自然。

太上，不知有之，其次親而譽之，其次畏之，其次侮之。信不足焉，有不信焉。

> **譯文**
>
> 最好的領導者，有益於國家整體正向發展而民眾沒有特別感受到他凸顯政績，其次宣揚政績，民眾普遍感受到生活安定、祥和豐衣足食喜歡親近他而讚揚他，其次民眾畏懼他而生活還算安定衣食仍算無虞，其次民眾沒有敬重他，使民眾信心不足嗎？有事務使民眾沒有信心嗎？

悠兮其貴言，功成事遂，百姓皆謂我自然。

> **譯文**
>
> 從容不迫而寧靜，公眾事務重視言行一致，順應事務正向發展而成功，事務完成了，百姓普遍說：「我們順其自然去完成」。

老子學說　第十八章

大道廢，有仁義；智慧出，有大偽；六親不和，有孝慈；國家昏亂，有忠臣。

大道廢，有仁義；智慧出，有大偽；

~~~| 譯文 |~~~~~~

大道廢弛，仁義的行為則特別凸顯；聰明才智與精明被特別彰顯，則以此虛偽，蒙蔽他人的人就會出現。

~~~~~~

六親不和，有孝慈；國家昏亂，有忠臣。

~~~| 譯文 |~~~~~~

六親之間不能和睦，孝慈的行為則特別凸顯；國家黯淡無光，沒有整體正向方向且施政混亂不彰，熱愛國家，誠心盡力為國的好臣子則特別凸顯。

~~~~~~

老子學說　第十九章

絕聖棄智，民利百倍；絕仁棄義，民復孝慈；絕巧棄利，盜
賊無有。此三者，以為文不足，故令有所屬：見素抱樸，少
私寡欲。

絕聖棄智，民利百倍；

~~ 譯文 ~~~~~~

斷絕對「聖」的過多推崇，捨棄對「智」的過多強調，民眾受益百倍。

~~~~~~

絕仁棄義，民復孝慈；

~~ 譯文 ~~~~~~

斷絕對「仁」的過多推崇，捨棄對「義」的過多強調，民眾自然回復到孝慈的本質為起點。

~~~~~~

【備註】孝慈 ▸ 飲水思源的孝與待人和氣與有愛心的慈。

絕巧棄利，盜賊無有。

~~ 譯文 ~~~~~~

斷絕對精巧事務的過多推崇，捨棄對「利」的過多強調，盜賊自然不會有。

~~~~~~

此三者，以為文不足，故令有所屬：見素抱樸，少私寡欲。

~~ 譯文 ~~~~~~

上述三者用文字不足以表達，因此讓上述三者有所歸屬，去看見人在天地間自然的良善本質擁抱自然樸實的本質，很少的私心與沒有過多的慾望。

~~~~~~

老子學說 第二十章

絕學無憂，唯之與阿，相去幾何？善之與惡，相去若何？人之所畏，不可不畏。荒兮，其未央哉！眾人熙熙，如享太牢，如春登台。我獨泊兮，其未兆；沌沌兮，如嬰兒之未孩；儽儽兮，若無所歸。眾人皆有餘，而我獨若遺。我愚人之心也哉，沌沌兮！俗人昭昭，我獨昏昏。俗人察察，我獨悶悶。澹兮其若海，飂兮，若無止。眾人皆有以，而我獨頑似鄙。我獨異於人，而貴食母。

絕學無憂，唯之與阿，相去幾何？

> **譯文**
>
> 斷絕學問的刻意學習沒有憂慮，唯命是從與迎合奉承相差有多少呢？

善之與惡，相去若何？人之所畏，不可不畏。

> **譯文**
>
> 良善的行為與惡，相差是如何辨別呢？人們所害怕，不能忽視不害怕。

荒兮，其未央哉！眾人熙熙，如享太牢，如春登台。

> **譯文**
>
> 荒廢了人歸於天地自然，沒有在其核心呀！眾人忙碌嬉戲歡樂，像享受在巨大框架中活動，像是春天時登上高台。

我獨泊兮其未兆；沌沌兮，如嬰兒之未孩；

> **譯文**
>
> 我獨自漂泊在歸於天地自然之中，沒有事先預兆；無所刻意推知像嬰兒一樣尚未是小孩之前。

儽儽兮，若無所歸。眾人皆有餘，而我獨若遺。

> **譯文**
>
> 事務繁多像沒有歸處，眾人都膡餘諸多事務而唯獨我像是遺忘了要膡餘諸多事務。

我愚人之心也哉，沌沌兮！俗人昭昭，我獨昏昏。俗人察察，我獨悶悶。

> **譯文**
>
> 我是愚人的心呀！愚昧而無所推知！世俗的人雪亮看著每件事務，我獨模糊不清而順其自然沒有刻意明辦，世俗的人仔細察看精算，我獨自沉靜。

澹兮其若海，飂兮若無止。眾人皆有以，而我獨頑似鄙。我獨異於人，而貴食母。

> **譯文**
>
> 恬靜平和的心在天地中像大海般寬闊，飂起西風像是沒有停歇。眾人都追求而唯獨我像是頑固無所為，我獨自與他人不同，而重視飲食的根源。

老子哲學與生活

_____

_____

_____

_____

_____

_____

_____

_____

_____

_____

_____

_____

_____

老子學說　第二十一章

孔德之容，惟道是從。道之爲物，惟恍惟惚。惚兮恍兮，其中有象；恍兮惚兮，其中有物。窈兮冥兮，其中有精；其精甚眞，其中有信。自今及古，其名不去，以閱眾甫。吾何以知眾甫之狀哉？以此。

孔德之容，惟道是從。道之為物，惟恍惟惚。

~~譯文~~

諸多細微自然無為而不爭的德行呈現在歸於自然容納的狀態上，僅以奉行宇宙萬物自然運行無所爭的道理，道的原則展現在事物上，只有忽然之間，只有模模糊糊的樣子。

惚兮恍兮，其中有象；恍兮惚兮，其中有物。

~~譯文~~

模模糊糊啊，忽然之間啊，這之中有它的法則。忽然之間啊，模模糊糊啊。這之中有它的事物順其天地整體自然的無為。

窈兮冥兮，其中有精；其精甚真，其中有信。

~~譯文~~

深遠而寧靜呀！深奧而幽靜呀！這之中有它的精神，這精神非常真實的存在，這之中有事務誠信而自然圓滿的原則。

【備註】事物 vs 事務之差異 ▶ 事物：人與其它萬物，事務：人行為有關的事。

自今及古，其名不去，以閱眾甫。吾何以知眾甫之狀哉？以此。

~~~ 譯文 ~~~

起源遠古時期至今，它外在形體的變化沒有捨棄（停止），呈現各類眾多外在形體，老子何以知道各類眾多外在形體的狀態呀！從「道」得知。

~~~~~~~~~~~~~~~~

心得小棧：

本章得知「道」的精神是順萬物之整體正向自然而不爭，以利萬物之繁衍生存而「道」的精神蘊含事務誠信而自然圓滿的原則，對人類事務與生活在自然環境有整體正向助益。

老子哲學與生活

老子學說　第二十二章

曲則全，枉則直，窪則盈，敝則新，少則得，多則惑。是以
聖人抱一爲天下式。不自見，故明；不自是，故彰；不自
伐，故有功；不自矜，故長。夫唯不爭，故天下莫能與之
爭。古之所謂曲則全者，豈虛言哉！誠全而歸之。

「曲則全，枉則直，窪則盈，敝則新，少則得，多則惑。」是以聖
人抱一為天下式。

~~~~**譯文**~~~~~~

彎曲而周全則能圓滿，矯正則能正直，地上有坑洞則水入而
滿，東西陳舊衰敗則代謝更新，少了則獲得補足，多了則困
惑。由此聖人擁抱天地整體正向自然法則為身處天下的準則。

~~~~~~

不自見，故明；不自是，故彰；不自伐，故有功；不自矜，故長。

~~~~**譯文**~~~~~~

不自身主觀的定見，所以能客觀清楚明白；不自以為是，所以
能彰顯事務客觀的事實；不自身誇耀，所以能建立功績；不自
大所以能長久。

~~~~~~

夫唯不爭，故天下莫能與之爭。

~~~~**譯文**~~~~~~

只有無為而不爭，所以天下沒有誰與其爭。

~~~~~~

古之所謂「曲則全」者，豈虛言哉！誠全而歸之。

~~~~**譯文**~~~~~~

古代所謂彎曲而周全則能圓滿的言語，豈是不切實際的話嗎！
誠心圓滿而歸於整體正向自然。

~~~~~~

【備註】「道」▶宇宙萬物自然運行的法，第四十二章言：「道生
一」指「宇宙自然運行產生天地的形體」，故知「一」為
天地。

老子哲學與生活

老子學說　第二十三章

希言自然。故飄風不終朝，驟雨不終日。孰爲此者？天地。
天地尚不能久，而況於人乎？故從事於道者，同於道；德
者，同於德；失者，同於失。同於道者，道亦樂得之；同於
德者，德亦樂得之；同於失者，失亦樂得之。信不足焉，有
不信焉。

希言自然。故飄風不終朝，驟雨不終日。孰為此者？天地。

~~~~**譯文**~~~~

很少聽得到的自然言語，所以吹起風來不會整個早上，突然下起雨來不會整天。誰產生這些呢？天地啊。

天地尚不能久，而況於人乎？

~~~~**譯文**~~~~

天地尚且無法讓一種情況長久？那又況且是人？

故從事於道者，同於道；德者，同於德；失者，同於失。

~~~~**譯文**~~~~

故從事於「道」學習的人，自然融合於「道」的境界學習，故從事於「德」學習的人，自然融合於「德」的境界學習，故從事於「失」學習的人，自然融合於「失」的境界學習，

【備註】「道」▶宇宙萬物自然運行的法，第一章

　　　　「德」▶回歸自然反璞歸真、無為而不爭，第三十八章

　　　　「失」▶對所有學問的學習放下而不刻意執著（非忘記），第四十八章

同於道者，道亦樂得之；同於德者，德亦樂得之；同於失者，失亦樂得之。

~~~| 譯文 |~~~

融合於「道」的境界學習的人，隨著對「道」的瞭解融入而樂在其中；融合於「德」的境界學習的人，隨著對「德」的瞭解融入而樂在其中；融合於「失」的境界學習的人，隨著對「失」的瞭解融入而樂在其中；

~~~~~~~~~~

信不足焉，有不信焉。

~~~| 譯文 |~~~

相信不足以融合於其中，融合於其中有不相信的嗎？

~~~~~~~~~~

老子哲學與生活

老子學說　第二十四章

企者不立；跨者不行；自見者不明；自是者不彰；自伐者無功；自矜者不長。其在道也，曰餘食贅行，物或惡之，故有道者不處。

企者不立；跨者不行；自見者不明；自是者不彰；自伐者無功；自
矜者不長。

~~譯文~~

企圖但不合於自然無法長久屹立，跨越天地自然法則則無法長
久可行，著於自身主觀的定見，不能客觀清楚明白；著於自以
為是，不能彰顯事務客觀的事實；著於自身誇耀，不能建立功
績；著於自大，不能長久。

其在道也，曰：餘食贅行，物或惡之，故有道者不處。

~~譯文~~

天地自然的玄妙蘊含在「道」，以道而言，上述的行為是吃過多
的食物，累贅（多餘）的行為，事務的過程或許變的不好，所
以歸於「道」的人不會有此行為。

*老*子學說　第二十五章

有物混成，先天地生。寂兮寥兮，獨立而不改，周行而不殆，可以爲天地母。吾不知其名，字之曰道，強爲之名曰大。大曰逝，逝曰遠，遠曰反。故道大，天大，地大，王亦大。域中有四大，而王居其一焉。人法地，地法天，天法道，道法自然。

有物混成，先天地生。寂兮寥兮，獨立而不改，周行而不殆，可以為天地母。

~~~ 譯文 ~~~

天地萬物各種形態的構成，先有天而地產生。寂靜啊！稀少的事物啊，獨自變化而不更改，形成規律而不停止，可以成為孕育所有天地萬物的母親。

吾不知其名，字之曰道，強為之名曰大。大曰逝，逝曰遠，遠曰反。

~~~ 譯文 ~~~

我不知道它叫甚麼名稱，就字而言稱為道，勉強給它名稱就稱為浩瀚無際的大。大到浩瀚無際就像忘了它的存在彷彿不見，大到彷彿不見可稱為遠大，遠大有其規律可稱為反。

故道大，天大，地大，王亦大。域中有四大，而王居其一焉。

~~~ 譯文 ~~~

「道」為宇宙萬物運行的法，其浩瀚無邊的大，天為地面孕育萬物之先，以供地面萬物的滋養運行可知其大，地面供萬物活動並與天形成週期運行滋養萬物，以萬物而言可知其大，王領導管理眾人與眾人相關之各種事物，以眾人而言其亦大。宇宙空間有四種大，而王居其中一種。

人法地，地法天，天法道，道法自然。

~~~| 譯文 |~~~~~~

人遵循地孕育萬物的法，地遵循天體運行的法，天遵循宇宙萬
物運行的法，道遵循自然的法。

~~~~~~

老子哲學與生活

_____

_____

_____

_____

_____

_____

_____

_____

_____

_____

_____

老子學說　第二十六章

重爲輕根，靜爲躁君。是以君子終日行不離輜重。雖有榮觀，燕處超然。奈何萬乘之主，而以身輕天下？輕則失本，躁則失君。

重為輕根，靜為躁君。

譯文

穩重謹慎是為了避免輕忽根源，寧靜、靜心為了焦躁的君主。

是以君子終日行不離輜重。雖有榮觀，燕處超然。

譯文

所以歸於天地自然而行事正向沒有偏差者，時時刻刻的作為不會離開內心的願景。雖然有欣欣向榮的正向願景，像燕子飛行在自由的天空，沒有任何預設立場的追求。

奈何萬乘之主，而以身輕天下？

譯文

怎奈掌有豐富資源的君主，以自身的追求而輕忽治理天下的根源？

輕則失本，躁則失君。

譯文

輕忽則失去治理天下的根本，焦躁則失去君主應有的風範。

老子學說　第二十七章

善行無轍跡，善言無瑕讁，善數不用籌策，善閉無關楗而不可開，善結無繩約而不可解。是以聖人常善救人，故無棄人；常善救物，故無棄物。是謂襲明。故善人者，不善人之師；不善人者，善人之資。不貴其師，不愛其資，雖智大迷。是謂要妙。

善行無轍跡，善言無瑕讁，善數不用籌策，善閉無關楗而不可開，善結無繩約而不可解。

~~~ 譯文 ~~~

落實人之善的作為沒有明顯的痕跡；良善的言詞沒有瑕疵過度的責；善的方法不用籌謀劃策；和善圓滿的結局沒有關鍵的事務不會需要重新開啓，本於良善所締結的約定沒有繩索般僵固的約定不會需要被解開。

~~~~~~~~~~~~~~~~~~~~~~~~~~

是以聖人常善救人，故無棄人；常善救物，故無棄物。是謂襲明。

~~~ 譯文 ~~~

所以聖人恆常不變的良善幫助人，沒有捨棄人；恆常不變的良善幫助事物，沒有捨棄事物。是所謂合於清明的呈現。

~~~~~~~~~~~~~~~~~~~~~~~~~~

故善人者，不善人之師；不善人者，善人之資。

~~~ 譯文 ~~~

所以良善光輝的人，是沒有行善的人的老師；沒有行善的人，是有良善的本質。

~~~~~~~~~~~~~~~~~~~~~~~~~~

【備註】呼應第十九章，人的本質 ▶ 孝慈。

不貴其師，不愛其資，雖智大迷。是謂要妙。

~~~ 譯文 ~~~~~~~~~~~~~~~~~~~~~~~~~~~~~~~~~~~~~~

不需要強調要注重良善光輝的人是老師，不需要熱愛沒有行善
的人有良善的本質，雖然有其智慧卻似大大的不清楚。是所謂
回歸自然之人之本性孝慈的奧妙。

~~~~~~

【備註】人之本性為孝慈無須刻意強調比較，沒有過多額外的追
求自然會呈現。呼應第十九章。

老子哲學與生活

老子學說　第二十八章

知其雄，守其雌，爲天下谿。爲天下谿。常德不離，復歸於
嬰兒。知其白，守其黑，爲天下式。爲天下式，常德不忒。
常德不忒，復歸於無極。知其榮，守其辱，爲天下谷。爲天
下谷，常德乃足，復歸於樸。樸散則爲器，聖人用之，則爲
官長，故大制不割。

知其雄，守其雌，為天下谿。

~~ **譯文** ~~

知道萬物自身的優點、長處，謹守萬物自身的柔和，是為天下間的水出於山谷流入大川，順其自然而水到渠成。

為天下谿。常德不離，復歸於嬰兒。

~~ **譯文** ~~

是為天下間的水出於山谷流入大川，順其自然而水到渠成，恆常歸於自然無為的德不會偏離，自然回復到像嬰兒般反璞歸真的心。

知其白，守其黑，為天下式。為天下式，常德不忒。常德不忒，復歸於無極。

~~ **譯文** ~~

知道其正向光輝，守住以修正並避免其缺失，為身處天下的方式。為身處天下的方式，內心已達恆常的德不會誤差。內心已達恆常的德不會誤差，自然回復到沒有界線而自然。

知其榮，守其辱，為天下谷。為天下谷，常德乃足，復歸於樸。

> **譯文**
>
> 知道其正面帶來的肯定與榮耀（而不刻意執著），守住因未能避免其缺失所帶來的批評與恥辱（而不刻意執著），是為身處天下山峰之間歸於自然而無罣礙，恆常歸於自然無為的德乃充足，自然回復歸於自然的純樸。

樸散則為器，聖人用之，則為官長，故大制不割。

> **譯文**
>
> 自然的純樸推展開來則可形成一種器具，歸於自然無為之人採用，則可以成為領導的長官，所以人的制度符合自然法則不能分割。

老子哲學與生活

老子學說　第二十九章

將欲取天下而爲之，吾見其不得已。天下神器，不可爲也，爲者敗之，執者失之。故物或行或隨；或歔或吹；或強或羸；或挫或隳。是以聖人去甚，去奢，去泰。

將欲取天下而為之，吾見其不得已。天下神器，不可為也，為者敗
之，執者失之。

> **譯文**
>
> 想要取得天下而有所作為，我所看見其不能得到呀。領導天下
> 的王位，不可僅以自身作為取得，僅以自身作為者將失敗，執
> 著自身作為者將失去。

故物或行或隨；或歔或吹；或強或羸；或挫或隳。

> **譯文**
>
> 所以各種事物或許同行、或許跟隨；或許嘆息、或許吹噓；或
> 許健壯、或許瘦弱；或許挫折、或許毀壞。

是以聖人去甚，去奢，去泰。

> **譯文**
>
> 由此可知聖人捨棄多餘，捨棄奢侈，捨棄好處。

老子學説　第三十章

以道佐人主者，不以兵強天下，其事好還。師之所處，荊棘
生焉。大軍之後，必有凶年。善者果而已，不敢以取強。果
而勿矜，果而勿伐，果而勿驕。果而不得已，果而勿強。物
壯則老，是謂不道，不道早已。

以道佐人主者，不以兵強天下，其事好還。師之所處，荊棘生焉。
大軍之後，必有凶年。

~~ 譯文

以「道」輔佐眾人之王者，不會以兵強馬壯強取天下，這種事
通常喜好拿回而不為。軍隊所到的各地，該地區容易產生各種
困難與問題產生。軍隊作戰後，該地區勢必各項收成不好。

~~~~~~~~~~~~~~~~~~~~~~~~~~~~~~~~~~

善者果而已，不敢以取強。果而勿矜，果而勿伐，果而勿驕。

~~ 譯文

良善的作為者在良善的結果呈現，不敢以採取強勢取得。當有
良善的結果切勿自大，當有良善的結果切勿自誇，當有良善的
結果切勿驕傲。

~~~~~~~~~~~~~~~~~~~~~~~~~~~~~~~~~~

果而不得已，果而勿強。

~~ 譯文

當良善的結果不能得到，良善的結果不能強取。

~~~~~~~~~~~~~~~~~~~~~~~~~~~~~~~~~~

物壯則老，是謂不道，不道早已。

~~ 譯文

萬物過於彰顯強壯則易衰老，所謂不合於天地順其自然而長生
的狀況，不合於天地順其自然而長生的狀況，自遠古時代便有
此情形了。

~~~~~~~~~~~~~~~~~~~~~~~~~~~~~~~~~~

老子學說　第三十一章

夫佳兵者不祥之器，物或惡之，故有道者不處。君子居則貴左，用兵則貴右。兵者不祥之器，非君子之器，不得已而用之，恬淡為上。勝而不美，而美之者，是樂殺人。夫樂殺人者，則不可得志於天下矣。吉事尚左，凶事尚右。偏將軍居左，上將軍居右，言以喪禮處之。殺人之眾，以哀悲泣之，戰勝，以喪禮處之。

夫佳兵者不祥之器，物或惡之，故有道者不處。

~~ 譯文

是呀，良好的軍事是不祥和的設施，萬物或許會厭惡它，因此有覺悟而歸於宇宙萬物自然運行的法而自然無為者，不會刻意著重它。

君子居則貴左，用兵則貴右。兵者不祥之器，非君子之器，不得已而用之，恬淡為上。

~~ 譯文

君子所處的位置以左邊「輔佐」為重，運用軍事時則以右邊「主導」為重。軍事設施是不祥和的設施，不是君子日常使用的設施，不得已的時候才用它，無事平淡是最好的狀態。

勝而不美，而美之者，是樂殺人。夫樂殺人者，則不可得志於天下矣。

~~ 譯文

軍事上勝利並不是美的事，將它視為美的事務，是喜好殺戮。喜好殺戮者則無法可以完成受人認同的志向在天下間。

吉事尚左，凶事尚右。偏將軍居左，上將軍居右，言以喪禮處之。

> **譯文**
>
> 通常好事崇尚處在「輔佐」的左邊，通常不好的事崇尚處在「主
> 導」的右邊。協助的將軍居於左邊，領導的將軍居於右邊，說
> 對辭世士兵以辭世禮儀辦理。

殺人之眾，以哀悲泣之，戰勝以喪禮處之。

> **譯文**
>
> 軍事作戰殺戮的部隊，以哀痛悲傷之心悼念戰事。軍事作戰勝
> 利，對所有作戰辭世士兵以辭世禮儀辦理。

老子哲學與生活

老子學説　第三十二章

道常無名，樸雖小，天下莫能臣也。侯王若能守之，萬物將
自賓。天地相合，以降甘露，民莫之令而自均。始制有
名，名亦既有，夫亦將知止，知止所以不殆。譬道之在天
下，猶川谷之於江海。

道常無名，樸雖小，天下莫能臣也。侯王若能守之，萬物將自賓。

~~ 譯文 ~~

「道」恆常沒有一定的外在形態與名字，自然樸實雖然小，天下沒有能駕馭它，領導管理眾人與領土內相關之事的王侯若能守「道」與自然樸實，天下萬物將自重而歸順。

天地相合，以降甘露，民莫之令而自均。

~~ 譯文 ~~

天地相契合而降下甘露，民眾無須被命令而自己會分配。

始制有名，名亦既有，夫亦將知止，知止所以不殆。

~~ 譯文 ~~

天地原始的運行有其各種外在形態的自然運行，各種外在形態的運行既然有其可見的規律，由此也將知道整體最佳可達到的狀況，知道天地整體最佳可達到的境界，萬物可以繁衍不停歇。

譬道之在天下，猶川谷之於江海。

~~ 譯文 ~~

明白「道」的運行，實踐在侯王領導之天下，就如同川谷匯入於江海以順乎自然。

老子學說　第三十三章

知人者智，自知者明。勝人者有力，自勝者強。知足者富。
強行者有志。不失其所者久。死而不亡者壽。

知人者智，自知者明。勝人者有力，自勝者強。

~~┤譯文├~~~~~~

曉得瞭解他人的人是聰明，對自己的瞭解、清楚、修正是明亮
光輝。勝他人是有力量，自身的克服是自身的強大。

~~~~~~

知足者富。強行者有志。不失其所者久。死而不亡者壽。

~~┤譯文├~~~~~~

知道對事物的感謝知足的人富有，強而有力的作為者有其志
向。不迷失其原有良好本質者可以長久。外在形體的結束，其
良好的正面價值不隨之消失者可以長久。

~~~~~~

老子學説　第三十四章

大道泛兮，其可左右。萬物恃之而生而不辭，功成不名有。
衣養萬物而不爲主，常無欲可名於小；萬物歸焉而不爲主，
可名爲大。以其終不自爲大，故能成其大。

大道泛兮，其可左右。萬物恃之以生而不辭，功成不名有。

~~【譯文】~~

> 天地自然的運行廣泛遍布，其可以遍布任何地方。萬物憑藉它以生長繁衍而不停止。成就功績不追求名聲擁有。

衣養萬物而不為主，常無欲，可名於小；萬物歸焉而不為主，可名為大。

~~【譯文】~~

> 提供各種資源養育萬物而不為主導，恆常沒有欲望，可稱之為小；萬物寄託在此而不為主導，可稱之為大。

以其終不自為大，故能成其大。

~~【譯文】~~

> 以它始終不自居為大，所以能成就他的大。

老子學説　第三十五章

執大象，天下往。往而不害，安平太。樂與餌，過客止。道之出口，淡乎其無味，視之不足見，聽之不足聞，用之不可既。

執大象，天下往。往而不害，安平太。

~~【譯文】~~~~~~~~~~~~~~~~~~~~~~~~~~~~~~~~~

掌握引領天地間之域，其域中大群體走向，群體順著走往前而
沒有甚麼傷害，安定與平和在域中整體性呈現。

~~~~~~

樂與餌，過客止。

~~【譯文】~~~~~~~~~~~~~~~~~~~~~~~~~~~~~~~~~

歡樂與食物，在天地間來來往往的過客所停留駐足。

~~~~~~

道之出口，淡乎其無味，視之不足見，聽之不足聞，用之不可既。

~~【譯文】~~~~~~~~~~~~~~~~~~~~~~~~~~~~~~~~~

宇宙萬物運行之法的展現，平淡、淡泊而無法感受其味，看則
不能足以見其全貌，聽則不能足以聞其全貌，運用它則不足以
瞭解其全部。

~~~~~~

老子學說　第三十六章

將欲歙之，必固張之；將欲弱之，必固強之；將欲廢之，必
固興之；將欲奪之，必固與之。是謂微明。柔弱勝剛強。魚
不可脫於淵，國之利器不可以示人。

將欲歙之，必固張之；將欲弱之，必固強之；將欲廢之，必固興之；
將欲奪之，必固與之。

譯文

將想要收斂它，必是原本有張開的狀況；將想要弱化它，必是
原本有強大的狀況；將想要廢除它，必是原本有興盛的狀況；
將想要奪取它，必是原本有給予及相處的狀況。

是謂微明。柔弱勝剛強。魚不可脫於淵，國之利器不可以示人。

譯文

是所謂微微的清楚明亮。柔和有韌性勝於剛強，魚不可脫離深
水中，國家的重要利基事物不可輕易展示於人前。

老子學說　第三十七章

道常無爲而無不爲。侯王若能守之，萬物將自化。化而欲作，吾將鎮之以無名之樸。無名之樸，夫亦將無欲。不欲以靜，天下將自定。

道常無為而無不為。侯王若能守之,萬物將自化。

┌─┐
│譯文│
└─┘

「道」恆常沒有刻意的作為而沒有不能順其自然的作為。領導管理眾人與領土內相關之事的王侯,若能遵守「道」的原則,天下的萬物將自身調整順應自然而平和適應。

化而欲作,吾將鎮之以無名之樸

┌─┐
│譯文│
└─┘

調整順應自然的過程中有過多的欲望作為,老子將使他鎮定瞭解,透過沒有真實外在形態的名字是歸於自然樸實。

無名之樸,夫亦將無欲。不欲以靜,天下將自定。

┌─┐
│譯文│
└─┘

沒有真實外在形態的名字之自然樸實,他也將沒有過多的欲望。沒有過多的欲望內心自然清靜,天下萬物將自身找到安定的方法。

老子學說　第三十八章

上德不德，是以有德；下德不失德，是以無德。上德無為而無以為；下德為之而有以為。上仁為之而無以為；上義為之而有以為。上禮為之而莫之應，則攘臂而扔之。故失道而後德，失德而後仁，失仁而後義，失義而後禮。夫禮者，忠信之薄，而亂之首。前識者，道之華，而愚之始。是以大丈夫處其厚，不居其薄；處其實，不居其華。故去彼取此。

上德不德，是以有德；下德不失德，是以無德。

> **譯文**
>
> 完全真實地歸於自然無為的德行是沒有德與不德的名稱界定，
> 是真實地歸於自然無為而不爭；其次崇尚歸於自然無為的德行
> 而沒有偏離自然無為而不爭的德行，是遵行其法則，這還沒有
> 完全真實地歸於自然無為的德行。

上德無為而無以為；下德為之而有以為。

> **譯文**
>
> 真實自然無為而不爭的德行，順其自然而圓滿沒有刻意的做為
> 而沒有以為自身特別做了什麼；其次遵行自然無為而不爭的德
> 行，沒有偏離其原則的作為而有瞭解自身特別做了什麼。

上仁為之而無以為；上義為之而有以為。上禮為之而莫之應，則攘
臂而扔之。

> **譯文**
>
> 真實的仁，有所正向作為而沒有以為自身特別作了什麼，真實
> 的義，有所正向作為而瞭解自身特別作了什麼。真實的禮節，
> 有所禮節規範的作為而沒有得到回應，則張開臂而捨棄它。

故失道而後德，失德而後仁，失仁而後義，失義而後禮。

~~┌譯文┐~~
因此沒有到達「道」而其次先遵循以「德」，沒有到達「德」而其次修養「仁」，沒有到達「仁」而其次先遵行以「義」，沒有到達「義」而其次先遵循以「禮」。

夫禮者，忠信之薄，而亂之首。前識者，道之華，而愚之始。

~~┌譯文┐~~
是呀！禮節的規範是誠心於整體正向圓滿，待人誠信的最外在膚淺的表現，也是動盪為亂者的開端。瞭解前述的人，知道「禮」是「道」的文飾，也是愚昧的根源。

是以大丈夫處其厚，不居其薄；處其實，不居其華。故去彼取此。

~~┌譯文┐~~
所以大丈夫居在「道」的深厚處，不居在「道」的外在膚淺表現，居在「道」的實質內涵，不居在「道」的文飾。因此捨棄過多的禮節，而取道的厚實。

【備註】此章與第十九章相呼應，老子主張從回歸人本有的天性孝（注意父母的生活起居與健康為基礎開始是飲水思源的表現）慈（和氣有愛心）開始，不宜刻意強調「仁義」，因「義」是重視誠信、重視公義、樂於助人；

「仁」是良善而有同理心，自發性地遵循「義」的作為無須刻意遵行「義」的規範而不偏離，「仁義」是為「孝慈」的向外完美延伸，不宜刻意強調形成過多的束縛，做不到反而可能忽略「孝慈」的瑕疵）。

老子學說　第三十九章

昔之得一者，天得一以清，地得一以寧，神得一以靈，谷得一以盈，萬物得一以生，侯王得一以為天下貞。其致之。天無以清將恐裂，地無以寧將恐發，神無以靈將恐歇，谷無以盈將恐竭，萬物無以生將恐滅，侯王無以貴高將恐蹶。故貴以賤為本，高以下為基。是以侯王自稱孤、寡、不穀。此非以賤為本邪？非乎？故致數輿無輿。不欲琭琭如玉，珞珞如石。

昔之得一者，天得一以清，地得一以寧，神得一以靈，谷得一以盈，萬物得一以生，侯王得一以為天下貞。其致之。

~~~譯文~~~

過往宇宙自然運行而自然產生天地的形體，天體運行合於宇宙自然運行所產生天地形體運行的法，得以太平而不亂，地球的運行合於宇宙自然運行所產生天地形體運行的法，得以安定平和，神歸於宇宙自然運行所產生天地形體運行的法得以靈驗，山谷歸於天地自然運行的法得以茂盛，萬物歸於天地自然運行的法得以生存繁衍，侯王管理領導眾人與眾人相關事務歸於天地自然運行的法以作為管理天下的向心力。侯王致力於此。

天無以清將恐裂，地無以寧將恐發，神無以靈將恐歇，谷無以盈將恐竭，萬物無以生將恐滅，侯王無以貴高將恐蹶。

~~~譯文~~~

天無法以太平不亂將恐怕破開，地無法以安定平和將恐怕變動發生，神無以靈驗將恐怕歇息，山谷無法茂盛將恐怕毫無生機，萬物無法生存繁衍將恐怕滅絕，侯王無法以尊貴為高將恐怕挫折。

故貴以賤為本，高以下為基。是以侯王自稱孤、寡、不穀。此非以賤為本邪？

~~~ 譯文 ~~~~~~
所以尊貴以不尊貴為根本，高的地方是由下而上建立的基礎所以侯王自身稱謂是孤、寡、不穀，這不是以不尊貴為根本嗎？
~~~~~~

非乎？故致數輿無輿。不欲琭琭如玉，珞珞如石。

~~~ 譯文 ~~~~~~
不是嗎？所以致力公眾事務在沒有眾多的位子。沒有去想稀少的像玉，眾多的像石。（像堯舜時期）
~~~~~~

老子哲學與生活

老子學說　第四十章

反者道之動；弱者道之用。天下萬物生於有，有生於無。

反者道之動，弱者道之用。天下萬物生於有，有生於無。

~~~| 譯文 |~~~~~~

反覆運行「道」的動作，柔弱無剛強，「道」的運用。天下萬物
生存於已存在，已存在源自於無。

~~~~~~

老子學說　第四十一章

上士聞道，勤而行之；中士聞道，若存若亡；下士聞道，大笑之。不笑不足以爲道。故建言有之：明道若昧，進道若退，夷道若纇，上德若谷，大白若辱，廣德若不足，建德若偷，質眞若渝，大方無隅，大器晚成，大音希聲，大象無形，道隱無名。夫唯道，善貸且成。

上士聞道，勤而行之；中士聞道，若存若亡；下士聞道，大笑之。
不笑，不足以為道。

~~~ 譯文 ~~~

好的學習者聽聞「道」，勤於學習瞭解而力行於己身；一般的學
習者聽聞「道」，像是能有所學習又像失去了，沒有認真的學習
者聽聞「道」，大笑所聽聞的「道」，沒有大笑，不能夠表示他
學習過「道」。

故建言有之：明道若昧，進道若退，夷道若纇，上德若谷，大白若
辱，廣德若不足。

~~~ 譯文 ~~~

因此建言能說為：明白透徹「道」像糊塗，對道的境界更透徹
而提升像後退，經常「道」像有所不足，真實歸於自然無為所
呈現的德行像山谷，完全真實面對自身現況的優缺點像會被羞
辱，廣泛的自然德行像有所不足。

建德若偷，質真若渝，大方無隅，大器晚成，大音希聲，大象無形，
道隱無名。

~~~ 譯文 ~~~

建立歸於自然德行像沒引人注意，本質返璞歸真就像有所改
變，自然廣大沒有邊際，大的事物歷經時間纍積而成，廣泛的
音律稀少的聲音，宇宙萬物自然運行沒有一定的形態。

夫唯道，善貸且成。

> **譯文**
>
> 只有遵循「道」，良善寬恕且成就萬物。

老子哲學與生活

老子學說　第四十二章

道生一，一生二，二生三，三生萬物。萬物負陰而抱陽，沖氣以爲和。人之所惡，唯孤、寡、不穀，而王公以爲稱。故物或損之而益，或益之而損。人之所教，我亦教之。強梁者不得其死，吾將以爲教父。

道生一，一生二，二生三，三生萬物。萬物負陰而抱陽，沖氣以為和。

譯文

宇宙自然運行產生天地的形體，天地的形體產生陰陽。天地的形體中的陰陽產生蘊育生命的元素，生命的元素進而蘊育萬物。萬物依靠陰而懷抱陽，虛空之氣以做為調和。

人之所惡，唯孤、寡、不穀，而王公以為稱。

譯文

人類所不喜歡是孤獨、缺少、沒有才能，而王公以做為稱呼。

故物或損之而益，或益之而損。

譯文

因此事物或許貶損而受益，或許得到利益而損失。

人之所教，我亦教之。強梁者不得其死，吾將以為教父。

譯文

人們所教導的，我亦教導，剛強的稻梁無法得到他它應有的週期，我將以此做為教導的首則。

老子學說　第四十三章

天下之至柔，馳騁天下之至堅。無有入無間，吾是以知無爲之有益。不言之教，無爲之益，天下希及之。

天下之至柔，馳騁天下之至堅。無有入無閒，吾是以知無為之有益。

~~~ 譯文 ~~~
天下之最柔能奔馳於天下間最堅固的狀態，無形的有包容融入事物沒有間隙，老子是已經知道沒有刻意做為是有所益處。
~~~~~~~~~~~~~~~~~~~~~~~~~~

不言之教，無為之益，天下希及之。

~~~ 譯文 ~~~
不僅以言辭的教導，沒有刻意做為的益處，天下間希望能做到。
~~~~~~~~~~~~~~~~~~~~~~~~~~

老子學說　第四十四章

名與身孰親？身與貨孰多？得與亡孰病？是故甚愛必大費，多藏必厚亡，知足不辱，知止不殆，可以長久。

名與身孰親？身與貨孰多？得與亡孰病？

~~~ 譯文 ~~~~~~

名氣與身體，誰是與自身關係更親？身體與財貨，誰是與自身
關係更多？得到外在事物與死亡，誰是與自身更切身損害？

~~~~~~

是故甚愛必大費，多藏必厚亡，知足不辱，知止不殆，可以長久。

~~~ 譯文 ~~~~~~

是呀！因此非常喜愛必是大費周章，很多的收藏必是在許多的
收藏財貨中死亡，知足常樂不是羞辱，知道歸於自然無為到達
最佳狀態不會懈怠，可以長久。

~~~~~~

老子學說　第四十五章

大成若缺，其用不弊；大盈若沖，其用不窮。大直若屈，大
巧若拙，大辯若訥。靜勝躁，寒勝熱。清靜爲天下正。

大成若缺，其用不弊。大盈若沖，其用不窮。

~~~ 譯文 ~~~~~~

歸於自然無為的德像是有所不足，其生活上的運用不會產生弊
病；無盡的自然之法像是虛空，其生活上的運用不會窮盡。

~~~~~~

大直若屈，大巧若拙，大辯若訥。

~~~ 譯文 ~~~~~~

充分的公正無私像會委屈，充分的技巧像是笨拙，充分的辯論
像是言語簡單遲鈍。

~~~~~~

靜勝躁，寒勝熱。清靜為天下正。

~~~ 譯文 ~~~~~~

心靜勝於急躁，寒冷勝於酷熱。清淨為天下不偏移的道理。

~~~~~~

老子學說　第四十六章

天下有道，却走馬以糞；天下無道，戎馬生於郊。禍莫大於
不知足；咎莫大於欲得。故知足之足，常足矣。

天下有道，却走馬以糞。天下無道，戎馬生於郊。

~~譯文~~

天下有遵循天地自然運行的法則，去掉往來的馬匹只剩糞便。
天下沒有遵循天地自然運行的法則，軍事的戰馬生活於城外。

~~~~~~

禍莫大於不知足；咎莫大於欲得。

~~譯文~~

災禍沒有比不知足所引起更大的；罪過沒有比只想得到更大
的。

~~~~~~

故知足之足，常足矣。

~~譯文~~

所以知足常樂的滿足，恆常的知足啊！

~~~~~~

老子學說　第四十七章

不出戶，知天下；不窺牖，見天道。其出彌遠，其知彌少。
是以聖人不行而知，不見而明，不爲而成。

不出戶，知天下；不窺牖，見天道。其出彌遠，其知彌少。

> **譯文**
>
> 沒有到戶外行走，知道天下事物的道理；沒有窺看窗外，瞭解以地球上所見天體運行的道理。他出去的越遠，他自身對知識主觀的認知更顯越少。

是以聖人不行而知，不見而明，不為而成。

> **譯文**
>
> 所以歸於自然無為的聖人，沒有行走而知道天下，沒有窺看而明白天道，沒有刻意作為而成就事務。

老子學說　第四十八章

爲學日益，爲道日損。損之又損，以至於無爲。無爲而無不爲。取天下常以無事，及其有事，不足以取天下。

為學日益，為道日損。損之又損，以至於無為。

~~~|譯文|~~~

　學習學問每日精進，學習「道」每日對事物的主觀認知日漸失
掉（非忘記），失掉又失掉，以達到順其事務的正向自然沒有刻
意作為。

~~~~~~

取天下常以無事，及其有事，不足以取天下。

~~~|譯文|~~~

　治理天下（國家）通常沒有主觀的刻意事務，汲汲於國家有主
觀刻意的事務，不足以治理天下於安定。

~~~~~~

老子學說　第四十九章

聖人無常心，以百姓心爲心。善者吾善之；不善者吾亦善之；德善。信者吾信之，不信者吾亦信之；德信。聖人在天下，歙歙焉；爲天下，渾其心；百姓皆注其耳目，聖人皆孩之。

聖人無常心，以百姓心為心。善者吾善之；不善者吾亦善之；德善。

~~~ 譯文 ~~~~~~~~~~~~~~~~~~~~~~~~~~~~
聖人沒有恆常的心思，以百姓的心思為心思。良善的人我以良善對待他，沒有良善的人我也以相對在良善上應有的原則與責任，以使善解對待他，是以回歸整體正向自然無為而不爭之德的良善呈現。
~~~~~~~~~~~~~~~~~~~~~~~~~~~~~~~~~~

信者吾信之；不信者吾亦信之，德信。

~~~ 譯文 ~~~~~~~~~~~~~~~~~~~~~~~~~~~~
信實的人我以信實對待他；沒有信實的人我也以相對在信實上應有的原則與責任，以使善解對待他；是以回歸整體正向自然無為而不爭之德的信實呈現。
~~~~~~~~~~~~~~~~~~~~~~~~~~~~~~~~~~

聖人在天下，歙歙焉；為天下，渾其心。百姓皆注其耳目，聖人皆孩之。

~~~ 譯文 ~~~~~~~~~~~~~~~~~~~~~~~~~~~~
聖人身處在天下間，平和無所偏執，從事天下公眾事務時，融合其心，百姓都注意他公眾事務的言行，聖人心境像小孩一樣沒有過多的慾望，良善而順其自然。
~~~~~~~~~~~~~~~~~~~~~~~~~~~~~~~~~~

老子學說　第五十章

出生入死。生之徒十有三；死之徒十有三；人之生，動之死地，亦十有三。夫何故？以其生生之厚。蓋聞善攝生者，陸行不遇兕虎，入軍不被甲兵；兕無所投其角，虎無所措其爪，兵無所容其刃。夫何故？以其無死地。

出生入死。生之徒，十有三；死之徒，十有三；人之生，動之死
地，亦十有三。夫何故？以其生生之厚。

~~~~ 譯文 ~~~~~~~~~~~~~~~~~~~~~~~~~~~~~~~

出世為生，入地為死。長壽者有十分之三；短命者有十分之三；
人本應長壽，行動上使其短命者也有十分之三，為何如此呢？
以他生命上不成熟的累積。

~~~~~~~~~~~~~~~~~~~~~~~~~~~~~~~~~~~~~

蓋聞善攝生者，陸行不遇兕虎，入軍不被甲兵；兕無所投其角，虎
無所措其爪，兵無所容其刃。

~~~~ 譯文 ~~~~~~~~~~~~~~~~~~~~~~~~~~~~~~~

概略聽聞擅長獲得長壽者，當路上行走時通常不會遇到犀牛、
老虎，當進入軍隊時通常不被兵器所傷；犀牛沒有位置放入它
的角，老虎沒有位置施展它的爪，兵器沒有位置容納它的鋒刃。

~~~~~~~~~~~~~~~~~~~~~~~~~~~~~~~~~~~~~

夫何故？以其無死地。

~~~~ 譯文 ~~~~~~~~~~~~~~~~~~~~~~~~~~~~~~~

為何如此呢？因為通常他沒有處在死亡的地方。

~~~~~~~~~~~~~~~~~~~~~~~~~~~~~~~~~~~~~

老子學說　第五十一章

道生之，德畜之，物形之，勢成之。是以萬物莫不尊道而貴德。道之尊，德之貴，夫莫之命而常自然。故道生之，德畜之。長之育之，亭之毒之，養之覆之。生而不有，為而不恃，長而不宰。是謂玄德。

道生之，德畜之，物形之，勢成之。是以萬物莫不尊道而貴德。

~~~ 譯文

宇宙萬物自然運行產生，順其宇宙自然運行的蘊育，萬物各種
樣貌的形成，各種形態關連的態勢形成。所以萬物沒有不敬重
宇宙萬物自然運行的法而注重歸於自然沒有刻意作為。

~~~~~~

道之尊，德之貴，夫莫之命而常自然。

~~~ 譯文

對於宇宙萬物自然運行的敬重，對於歸於自然沒有刻意作為的
注重，不正是生命的週期而恆常順其自然。

~~~~~~

故道生之，德畜之。長之育之，亭之毒之，養之覆之。生而不有，
為而不恃，長而不宰。是謂玄德。

~~~ 譯文

因此宇宙萬物自然運行產生，順其宇宙自然運行的蘊育。生長
萬物，孕育萬物，適合的環境，危害的環境，滋養的環境，庇
護的環境。孕育而不佔有，自然的利益萬物作為而不當成憑
藉，使其有生長環境而不主宰。是所謂奧妙的「德」。

~~~~~~

老子學說　第五十二章

天下有始，以爲天下母。既得其母，以知其子，既知其子；
復守其母，沒身不殆。塞其兌，閉其門，終身不勤；開其
兌，濟其事，終身不救。見小曰明，守柔曰強。用其光，復
歸其明；無遺身殃，是爲習常。

天下有始，以為天下母。既得其母，以知其子，既知其子，復守其母，沒身不殆。

~~~~| 譯文 |~~~~~~~~~~~~~~~~~~~~~~~~~~~~~~~~~~~~~~~

天下有了開始，以作為天下的本源，既然得到了天下的本源，可以知道天下生存的各種萬物與事物的蘊育，既然已知道天下生存的各種萬物與事物的蘊育，回歸守護天下的本源，逝去的外在形體沒有停止繁衍。

~~~~~~

塞其兌，閉其門，終身不勤。開其兌，濟其事，終身不救。

~~~~| 譯文 |~~~~~~~~~~~~~~~~~~~~~~~~~~~~~~~~~~~~~~~

塞住過多慾望的通道，關閉過多慾望對外的門戶，終身不用辛勞於此。打開慾望的通道，做有助於達到過多慾望的事，終身不易於此解脫。

~~~~~~

見小曰明，守柔曰強。用其光，復歸其明，無遺身殃，是為習常。

~~~~| 譯文 |~~~~~~~~~~~~~~~~~~~~~~~~~~~~~~~~~~~~~~~

看見事務微小之處是為明，守住柔弱是為強韌。用合於天性的良善光輝，在回歸合於天性的明亮，沒有遺留自身的麻煩，是所謂習慣的恆常。

~~~~~~

老子學說　第五十三章

使我介然有知，行於大道，唯施是畏。大道甚夷，而民好徑。朝甚除，田甚蕪，倉甚虛；服文綵，帶利劍，厭飲食，財貨有餘，是爲夸盜。非道也哉！

使我介然有知，行於大道，唯施是畏。大道甚夷，而民好徑。

~~┌**譯文**┐~~~~~~

讓我心裡耿直的知道，行走在大道上，正是在於實行上是內心
敬服。大道是很平坦，而民眾喜好捷徑。

~~~~~~

朝甚除，田甚蕪，倉甚虛；服文綵，帶利劍，厭飲食，財貨有餘；
是為夸盜。非道也哉！

~~┌**譯文**┐~~~~~~

早上很認真除草，田中沒有雜草而作物豐盛，倉庫中沒啥東
西；穿著文飾風采，攜帶鋒利的劍，不好的飲食習慣，累積過
多的財貨，是所謂不正確的作法與過多話語的鼓吹。這不是道
呀！

~~~~~~

老子學說　第五十四章

善建者不拔，善抱者不脫，子孫以祭祀不輟。修之於身，其
德乃真；修之於家，其德乃餘；修之於鄉，其德乃長；修之
於國，其德乃豐；修之於天下，其德乃普。故以身觀身，以
家觀家，以鄉觀鄉，以國觀國，以天下觀天下。吾何以知天
下然哉？以此。

善建者不拔，善抱者不脫，子孫以祭祀不輟。

~~~【譯文】~~~

善的倡議者不會有改變，善的擁抱者不會要離開，後代子孫以
祭祀表達慎終追遠對祖先的飲水思源不會停止。

修之於身，其德乃真；修之於家，其德乃餘；修之於鄉，其德乃長；
修之於國，其德乃豐；修之於天下，其德乃普。

~~~【譯文】~~~

善的實踐在於己身，善的德是真實的呈現；善的實踐在於家，
善的德是有餘的呈現；善的實踐在於鄉里，善的德是源遠流長
的呈現；善的實踐在國家，善的德是廣大的呈現；善的實踐在
於天下，善的德是普及的呈現。

故以身觀身，以家觀家，以鄉觀鄉，以國觀國，以天下觀天下。吾
何以知天下然哉？以此。

~~~【譯文】~~~

所以在以身為重心觀察身在天地間的德，所以在以家為重心觀
察家在天地間的德，所以在以鄉里為重心觀察鄉里在天地間的
德，所以在以國家為重心觀察國家在天地間的德，所以在以天
下為重心觀察天下在天地間的德。老子如何以知道天下的狀
況，以這個法。

老子學說　第五十五章

含德之厚，比於赤子。蜂蠆虺蛇不螫，猛獸不據，攫鳥不搏。骨弱筋柔而握固。未知牝牡之合而全作，精之至也。終日號而不嗄，和之至也。知和曰常，知常曰明。益生曰祥。心使氣曰強。物壯則老，謂之不道，不道早已。

含德之厚，比於赤子。蜂蠆虺蛇不螫，猛獸不據，攫鳥不搏。

~~【譯文】~~

蘊含德的厚實，就如同純真的嬰兒，蜂、毒蟲、毒蛇不會叮咬。
兇猛的野獸不會占據，大猴子、鳥不會捉取。

骨弱筋柔而握固。未知牝牡之合而全作，精之至也。

~~【譯文】~~

骨骼弱，筋肉柔韌而屈指成拳相當堅固。不知雌雄之結合而生
殖器官完全勃起，精氣純陽旺盛之故。

終日號而不嗄，和之至也。知和曰常，知常曰明。

~~【譯文】~~

整天哭笑而不會沙啞，精氣調和之故。瞭解精氣調和是常，知
道常是光明。

益生曰祥。心使氣曰強。物壯則老，謂之不道，不道早已。

~~【譯文】~~

有益於身心是吉祥，心的意念讓氣旺盛曰強。萬物過於彰顯強
壯則易衰老，所謂不合於天地順其自然而長生的法，不合於天
地順其自然而長生的法，自遠古時代便有此情形了。

老子學說　第五十六章

知者不言，言者不知。塞其兌，閉其門，挫其銳，解其分，和其光，同其塵，是謂玄同。故不可得而親，不可得而疏；不可得而利，不可得而害；不可得而貴，不可得而賤。故為天下貴。

知者不言，言者不知。塞其兌，閉其門，挫其銳，解其分，和其光，同其塵，是謂玄同。

~~| 譯文 |~~~~~~~~~~~~~~~~~~~~~~~~~~~~~~~~

透徹瞭解天地自然運行的人，清楚難以文字言詞表達，不輕易表達，以文字表達仍不能透徹表達天地自然運行。塞住過多慾望的通道，關閉過多慾望對外的門戶，消磨其銳氣，解開其分歧，融合其光輝，同化其塵埃，是所謂奧妙於天地間的融合同化。

~~~~~~~~~~~~~~~~~~~~~~~~~~~~~~~~~~~~~~

故不可得而親，不可得而疏；不可得而利，不可得而害；不可得而貴，不可得而賤。故為天下貴。

~~| 譯文 |~~~~~~~~~~~~~~~~~~~~~~~~~~~~~~~~

所以此本於自然，非可以獲得而親近，非可以獲得而疏遠，非可以獲得而有利，非可以獲得而傷害，非可以獲得而顯貴，非可以獲得而低賤。因此歸於自然清靜寡欲為天下所可貴。

~~~~~~~~~~~~~~~~~~~~~~~~~~~~~~~~~~~~~~

老子學說　第五十七章

以正治國，以奇用兵，以無事取天下。吾何以知其然哉？以此。天下多忌諱，而民彌貧；民多利器，國家滋昏；人多伎巧，奇物滋起；法令滋彰，盜賊多有。故聖人云：「我無為而民自化；我好靜而民自正；我無事而民自富；我無欲而民自樸。」

以正治國，以奇用兵，以無事取天下。吾何以知其然哉？以此。

~~ 譯文

以正道治理國家，以奇運用於軍事作戰，以沒有刻意推動事務治理天下，老子如何可以知道治理天下的道理？以這樣的根據。

天下多忌諱，而民彌貧；民多利器，國家滋昏；人多伎巧，奇物滋起；法令滋彰，盜賊多有。

~~ 譯文

天下越多忌諱而民眾通常更加貧窮；民眾擁有許多武器，民眾易於茲生昏亂；人擁有許多技巧，各種奇特的物品易於孳生；法令茲生繁多，盜賊越有。

故聖人云：「我無為而民自化；我好靜而民自正；我無事而民自富；我無欲而民自樸。」

~~ 譯文

所因此在公眾事務上聖人說：「我沒有個人刻意作為，而民眾自己會因應環境的變化調整，我擅長靜心，而民眾自己會回歸人之本性孝慈與正向思考與發展；我沒有刻意推動事務以百姓心為心由整體正向發展協助民眾需要，而民眾自己會尋求豐衣足食，我沒有過多的追求，而民眾自己會歸於樸實。」

老子學説　第五十八章

其政悶悶，其民淳淳；其政察察，其民缺缺。禍兮福之所倚，福兮禍之所伏。孰知其極？其無正。正復爲奇，善復爲妖。人之迷，其日固久。是以聖人方而不割，廉而不劌，直而不肆，光而不燿。

其政悶悶，其民淳淳；其政察察，其民缺缺。

~~譯文~~

> 國家政事不刻意彰顯，穩健踏實以經濟民生，民眾飲食與身心
> 健康為核心（參第三章，第十一章），國家人民的生活自然純
> 樸，復歸孝慈（參第十九章）；國家政事仔細規範，監督民
> 眾，國家人民民生活常有缺陷（因不了解或規範太多無法適合所
> 有狀況與不符合常理及經常調整而民眾混亂常在狀況外而經濟
> 民生無法適時發展）。

禍兮福之所倚，福兮禍之所伏。孰知其極？

~~譯文~~

> 災禍呀！福氣到來（未惜福）所伴隨，福氣呀！災禍到來所蘊
> 藏。誰知此福與禍的終究探索？

其無正。正復為奇，善復為妖。人之迷，其日固久。

~~譯文~~

> 人之福禍相交替是沒有走在正道上。正道的堅持返回到少見的
> 狀況，好的良善狀況返回到不好的迷惑的狀況。人的迷惑，此
> 種情形時間上本來就很久了。

是以聖人方而不割，廉而不劌，直而不肆，光而不燿。

~~~~ 譯文 ~~~~~~~~~~~~~~~~~~~~~~~~~~~~~~

所以歸於自然無為的聖人堅持正道而不捨棄，廉正而不傷人，

正直而不放肆，明亮而不炫耀。

~~~~~~~~~~~~~~~~~~~~~~~~~~~~~~~~~~~

老子哲學與生活

_____

_____

_____

_____

_____

_____

_____

_____

_____

_____

_____

_____

老子學說　第五十九章

治人事天，莫若嗇。夫唯嗇，是謂早服；早服謂之重積德；重積德則無不克；無不克則莫知其極；莫知其極，可以有國；有國之母，可以長久。是謂深根固柢，長生久視之道。

治人事天，莫若嗇。夫唯嗇，是謂早服；

> ～～**譯文**～～～～～～～～～～～～～～～
>
> 治理民眾向天學習效法，不正是有餘不盡用。只有有餘不盡用的原則，是所謂日出光輝的承擔；

早服謂之重積德；重積德則無不克；無不克則莫知其極；

> ～～**譯文**～～～～～～～～～～～～～～～
>
> 日出光輝的承擔是所謂著重在累積回歸自然無為的德的修行，著重在累積回歸自然無為的德的修行則沒有不能順應自然克服的事務；沒有不能順應自然克服的事務則不正是知道此力量無窮盡的正向光輝的推動。

莫知其極，可以有國；有國之母，可以長久。是謂深根固柢，長生久視之道。

> ～～**譯文**～～～～～～～～～～～～～～～
>
> 不正是知道此力量無窮盡的正向光輝的推動，可以治理國家；有了國家順應自然之正向光輝的推動的根本，國家可以長久，是所謂深入瞭解順應自然與堅固重積德的根本，國家長久整體是正向光輝的推動的道理。

老子學說　第六十章

治大國，若烹小鮮。以道蒞天下，其鬼不神；非其鬼不神，其神不傷人；非其神不傷人，聖人亦不傷人。夫兩不相傷，故德交歸焉。

治大國，若烹小鮮。以道蒞天下，其鬼不神；非其鬼不神，其神不傷人；非其神不傷人，聖人亦不傷人。

~~譯文~~

治理大的國家要像烹調美味的小魚一樣。有耐心、專心、靜心。以天地自然運行的道理歸於天下治理的原則，天下間偏差、糟糕的行為不會產生特別廣泛的作用；不是天下間偏差、糟糕的行為不會產生特別廣泛的作用，而是天下間本來就有特別廣泛的善作用存在（如人類的本質為孝慈），不會產生傷人；不是天下間特別廣泛的善作用不會傷人，歸於自然無為的聖人也不會傷人。

夫兩不相傷，故德交歸焉。

~~譯文~~

天下間本有特別廣泛的善作用與歸於自然無為的聖人兩者不會相互矛盾傷人，因此得可以完全融合回歸於「德」自然無為而無不為於天地間。

老子學說　第六十一章

大國者下流，天下之交。天下之牝，牝常以靜勝牡，以靜爲下。故大國以下小國，則取小國；小國以下大國，則取大國。故或下以取，或下而取。大國不過欲兼畜人，小國不過欲入事人。夫兩者各得其所欲，大者宜爲下。

大國者下流，天下之交。天下之牝，牝常以靜勝牡，以靜為下。

~~~~| 譯文 |~~~~~~~~~~~~~~~~~~~~~~~~~~~~~~~~~~~~~

大的國家應像江河位處於百川河流的下方，天地間的天下匯集於此。處眾天下間溪谷的位置，溪谷常以相對寧靜優於丘陵的位置，以寧靜為謙下。

~~~~~~

故大國以下小國，則取小國；小國以下大國，則取大國。故或下以取，或下而取。大國不過欲兼畜人，小國不過欲入事人。

~~~~| 譯文 |~~~~~~~~~~~~~~~~~~~~~~~~~~~~~~~~~~~

所以大的國家以謙下禮遇小國，則取信小國；小的國家以謙下禮讓大國，則取信於大國。所以有的國家謙下禮遇以取信，有的國家謙下禮讓而取信，大的國家不會過於想要管理干預他國事務，小的國家不會過於想要參與他國事務。

~~~~~~

夫兩者各得其所欲，大者宜為下。

~~~~| 譯文 |~~~~~~~~~~~~~~~~~~~~~~~~~~~~~~~~~~~

所以大的國家與小的國家各自得到他們的需要，大的國家適宜處在海納百川的位置。

~~~~~~

老子學說　第六十二章

道者萬物之奧。善人之寶，不善人之所保。美言可以市，尊行可以加人。人之不善，何棄之有？故立天子，置三公，雖有拱璧以先駟馬，不如坐進此道。古之所以貴此道者何？不曰：以求得，有罪以免邪？故為天下貴。

道者萬物之奧。善人之寶，不善人之所保。美言可以市，尊行可以
加人。

~~ 譯文 ~~

天地自然運行的法是萬物運行的奧妙，良善的人其行事的寶貴
法則，不良善的人可以保護自己的方法。好聽的言詞可以在人
群中受人喜愛而得到好處，尊重的言行可以有益於人群。

人之不善，何棄之有？故立天子，置三公，雖有拱璧以先駟馬，不
如坐進此道。

~~ 譯文 ~~

人的不良善作為，如何拋棄已有的習性？因此人群設立天子，
設置三公以為表率，雖然有向前推進像玉一樣的「道」在前，駟
馬追隨，不如直接坐進於「道」。

古之所以貴此道者何？不曰：以求得，有罪以免邪？故為天下貴。

~~ 譯文 ~~

古代的人所以重視珍貴於道的奉行，為何呢？不正是說：追求
道得以歸於自然無為，有過失時得以免於落入邪惡的深淵，因
此為天下所重視珍貴。

老子學說　第六十三章

為無為，事無事，味無味。大小多少，報怨以德。圖難於其
易，為大於其細：天下難事，必作於易，天下大事，必作於
細。是以聖人終不為大，故能成其大。夫輕諾必寡信，多易
必多難。是以聖人猶難之，故終無難矣。

為無為，事無事，味無味。大小多少，報怨以德。

~~~**譯文**~~~

作為順應自然沒有刻意作為，事務上順應自然沒有刻意產生事端，飲食上順應自然沒有刻意過度烹調追求味覺。是非的大小，恩怨的多寡，回應怨惡以歸於「道」之「德」，撥亂反正。

圖難於其易，為大於其細；天下難事，必作於易，天下大事，必作於細。

~~~**譯文**~~~

面對困難的事物從清楚明白易於處理的地方著手，做大的事物從細微處著手；天下困難的事物必定著手於清楚明白易處理的地方，天下大的事物必定著手於細微處。

是以聖人終不為大，故能成其大。夫輕諾必寡信，多易必多難。

~~~**譯文**~~~

所以歸於自然無為之人始終不會刻意處理大的事物，因此能完成其大。是呀！輕易的諾言必定少有信用，想得太容易必定遭遇諸多困難。

是以聖人猶難之，故終無難矣。

~~~**譯文**~~~

所以歸於自然無為的人，仍然以不易的態度面對，因此最終沒有困難矣。

老子學說　第六十四章

其安易持，其未兆易謀。其脆易泮，其微易散。爲之於未有，治之於未亂。合抱之木，生於毫末；九層之臺，起於累土；千里之行，始於足下。爲者敗之，執者失之。是以聖人無爲故無敗，無執故無失。民之從事，常於幾成而敗之。愼終如始，則無敗事。是以聖人欲不欲，不貴難得之貨；學不學，復眾人之所過。以輔萬物之自然，而不敢爲。

其安易持，其未兆易謀。其脆易泮，其微易散。

~~~**譯文**~~~

事務安定時較易維持處理，事務尚未有徵兆時較易策略、規劃、管理，事務脆而未堅固較易分解，事務細微處較易分散不被注意。

為之於未有，治之於未亂。合抱之木，生於毫末；九層之臺，起於累土；千里之行，始於足下。為者敗之，執者失之。

~~~**譯文**~~~

適當的處理在尚未發生前，適當的治理在尚未紛亂前。雙手合抱的樹木，生長是從微小的苗牙；九層的高塔，開始自堆積的泥土；千里遠的路程，開始於腳底的步伐。過度的刻意作為，事務將失敗。過度的刻意執著事務將有損失。

是以聖人無為故無敗，無執故無失。民之從事，常於幾成而敗之。慎終如始，則無敗事。

~~~**譯文**~~~

所以聖人沒有刻意的作為，因此沒有失敗，沒有過度執著因此沒有損失。民眾所從事的事物，常有幾成要完成了而失敗了。謹慎處理事務，就如同剛開始一樣，就沒有失敗的事物了。

是以聖人欲不欲，不貴難得之貨；學不學，復眾人之所過。以輔萬物之自然，而不敢為。

~~~|譯文|~~~~~~~~~~~~~~~~~~~~~~~~~~~~~~~

所以歸於自然無為的人所想是不要有過多的慾望，沒有特別珍貴不易獲得的財貨。學習他人所不學的，修復眾人事務的不足，以輔佐萬物順乎天地自然無為的法則，而不敢刻意作為。

~~~~~~~~~~~~~~~~~~~~~~~~~~~~~~~~~~~~~~~

老子哲學與生活

老子學說　第六十五章

古之善爲道者，非以明民，將以愚之。民之難治，以其智
多。故以智治國，國之賊；不以智治國，國之福。知此兩者
亦稽式。常知稽式，是謂玄德。玄德深矣，遠矣，與物反
矣，然後乃至大順。

古之善為道者，非以明民，將以愚之。民之難治，以其智多。故以智治國，國之賊；不以智治國，國之福。

> **譯文**
>
> 古時候心地仁厚實踐「道」者，不是要民眾刻意看清每件事，而是讓民眾敦厚樸實。民眾的事務之難以治理，因民眾學習過度的精明與精算，因此為政者聰明精算每件事物在自身與民眾是國家的傷害。不以過度精明計算每件事務治理國家，是國家的福氣。

知此兩者亦稽式。常知稽式，是謂玄德。玄德深矣，遠矣，與物反矣，然後乃至大順。

> **譯文**
>
> 知道這兩者「非以明民、不以智治國」也符合稽核天地自然無為的整體正向法則。恆常知道稽核天地自然無為的整體正向法則，是所謂奧妙歸於自然無為的德。玄德深澳長遠，與萬物回歸天地自然運行的道理，然後眾天下走向大順。

心得小棧：

老子在本章似乎提醒善之從政者，不要刻意要民眾看清每件事的缺失而以偏概全，忽略根本：飲食健康、身強體健即避免忽略經濟民生，社會安定。也不宜以智治國，精算每件事物在自身與民眾，應順乎天地整體正向的自然法則，以民眾身心健康與安定為重，並順應天下萬物的自然運行而共存。

老子學説　第六十六章

江海所以能爲百谷王者，以其善下之，故能爲百谷王。是以欲上民，必以言下之；欲先民，必以身後之。是以聖人處上而民不重；處前而民不害。是以天下樂推而不厭，以其不爭，故天下莫能與之爭。

江海所以能為百谷王者，以其善下之，故能為百谷王。

~~~~|譯文|~~~~

江河、大海所以能將環繞遍佈於山谷的河谷、溪流、河川匯納於江而歸於海，（形成江海納百川）而為百谷王，以江海善處於百谷的下方，因此能成為百谷的王

是以欲上民，必以言下之。欲先民，必以身後之。是以聖人處上而民不重，處前而民不害。

~~~~|譯文|~~~~

所以想要位居公眾事務的領導，必須言詞謙下。需要領導民眾，必須以自身的喜好追求，置於公眾事務、人民福祉之後。所以聖人位居公眾事務人民不會負擔過重，身居領導地位而人民不會損傷。

是以天下樂推而不厭，以其不爭，故天下莫能與之爭。

~~~~|譯文|~~~~

所以天下樂於支持、推舉而不厭倦，以自然無為不與人爭，因此所以天下沒什麼與聖人爭。

老子學說　第六十七章

天下皆謂我道大，似不肖。夫唯大，故似不肖。若肖，久矣
其細也夫。我有三寶，持而保之：一曰慈，二曰儉，三曰不
敢為天下先。慈故能勇；儉故能廣；不敢為天下先，故能成
器長。今舍慈且勇，舍儉且廣，舍後且先，死矣！夫慈以戰
則勝，以守則固。天將救之，以慈衛之。

天下皆謂我道大，似不肖。夫唯大，故似不肖。若肖，久矣其細也夫！

~~譯文~~

天下皆說我所談的「道」遠大，似乎沒有具體事務的形體，就是因為遠大，所以似乎沒有具體事務的形體。若似乎是具體的事物，長久存在，他是相對小而非遠大。

我有三寶，持而保之。一曰慈，二曰儉，三曰不敢為天下先。

~~譯文~~

我有三個寶，持有而保存它。一是慈善，二是儉約，三是不敢處於天下之前。

慈故能勇；儉故能廣；不敢為天下先，故能成器長。

~~譯文~~

慈善所以能勇於承擔；儉約所以能廣泛使用；不敢處在天下之前，所以能長時間貢獻。

今舍慈且勇，舍儉且廣，舍後且先，死矣！夫慈以戰則勝，以守則固。天將救之，以慈衛之。

~~~**譯文**~~~

　今日捨棄慈愛而勇於承擔，捨棄儉約而廣泛使用，捨棄退讓而搶先，完蛋呀！有慈愛（撥亂反正）以支持作戰則勝利，以此支持防守則堅固。上天將救助誰，以慈愛保護他。

~~~~~~~~~~~~~

老子哲學與生活

老子學說　第六十八章

善為士者不武，善戰者不怒，善勝敵者不與，善用人者為之
下。是謂不爭之德，是謂用人之力，是謂配天之極。

善為士者不武，善戰者不怒，善勝敵者不與，善用人者為之下。

> **譯文**
>
> 擅於處理公眾事務，帶兵打仗者，不輕易動武，擅於作戰者內心不會輕易動怒，擅於戰勝敵人者，不會傷及他人，擅於任用人的人，待人謙下。

是謂不爭之德，是謂用人之力，是謂配天之極。

> **譯文**
>
> 是所謂不與人爭的德行，是所謂用人的能力，是所謂符合上天的法則。

老子學說　第六十九章

用兵有言：「吾不敢爲主而爲客，不敢進寸而退尺。」是謂行無行，攘無臂，扔無敵，執無兵。禍莫大於輕敵，輕敵幾喪吾寶。故抗兵相加，哀者勝矣。

用兵有言：「吾不敢為主而為客，不敢進寸而退尺。」是謂行無行，攘無臂，扔無敵，執無兵。

~~~~| 譯文 |~~~~~~~~~~~~~~~~~~~~~~~~~~~~~~~~~~~~~~

運用軍事力量有說：「我不敢主動自發性攻打而採取客觀情勢，不敢主動進擊一寸而採取退守一尺。」是所謂有陣勢使敵無法清楚陣勢，抵禦使敵無法清楚主力，進擊使敵無法清楚攻擊點，掌握兵力使敵無法清楚兵力。

~~~~~~

禍莫大於輕敵，輕敵幾喪吾寶。故抗兵相加，哀者勝矣。

~~~~| 譯文 |~~~~~~~~~~~~~~~~~~~~~~~~~~~~~~~~~~~~~~

災禍的嚴重狀況沒有更大於輕忽敵人的狀況，輕忽幾乎喪失老子的法寶。因此彼此對抗的軍隊相互交鋒，悲憤的一方通常獲得勝利。

~~~~~~

老子學說　第七十章

吾言甚易知，甚易行。天下莫能知，莫能行。言有宗，事有君。夫唯無知，是以不我知。知我者希，則我者貴。是以聖人被褐懷玉。

吾言甚易知，甚易行。天下莫能知，莫能行。言有宗，事有君。

~~~ 譯文 ~~~~~~

老子說我的言論很容易知道，很容易實行。天下間沒有能通曉，
沒有能落實。言論有明確的宗旨，事務的落實有主體。

~~~~~~

夫唯無知，是以不我知。知我者希，則我者貴。是以聖人被褐懷
玉。

~~~ 譯文 ~~~~~~

是呀！只有沒有理解，因此不清楚我所談論。理解我所談論的
很少，落實我所談論的珍貴，所以歸於自然無為的人，披著樸
實的褐色外衣，身體懷著玉。

~~~~~~

老子學說　第七十一章

知，不知，上；不知，知，病。夫唯病病，是以不病。聖人不病，以其病病，是以不病。

知，不知，上；不知，知，病。夫唯病病，是以不病。

~~**譯文**~~~~~~

知道，當作不清楚，是好的；不知道，當作清楚，是毛病、缺點。正是犯過這種毛病而瞭解，因此不犯這種毛病。

~~~~~~

聖人不病，以其病病，是以不病。

~~**譯文**~~~~~~

聖人不犯這種毛病，因為他犯過這毛病而瞭解，因此不犯這種毛病。

~~~~~~

【備註】呼應第二章、第十九章。

老子學說　第七十二章

民不畏威，則大威至。無狎其所居，無厭其所生。夫唯不厭，是以不厭。是以聖人自知不自見；自愛不自貴。故去彼取此。

民不畏威，則大威至。無狎其所居，無厭其所生。夫唯不厭，是以
不厭。

~~譯文~~

民眾不害怕在天地自然中生活應注意的事物，則違反天地自然
法則的災難將降臨。沒有親近而不尊重生活中所居住的環境。
沒有厭惡生活中所產生的各種事物。正是不厭惡生活中所產生
的各種事物，所以不會厭煩。

是以聖人自知不自見；自愛不自貴。故去彼取此。

~~譯文~~

所以聖人自身知曉，不會刻意強調自身的意見，自身潔愛，不
會刻意強調自身的尊貴，因此去掉自見、自貴而自知、自愛。

老子學說　第七十三章

勇於敢則殺，勇於不敢則活。此兩者，或利或害，天之所惡，孰知其故？是以聖人猶難之。天之道，不爭而善勝，不言而善應，不召而自來，繟然而善謀。天網恢恢，疏而不失。

勇於敢則殺，勇於不敢則活。此兩者，或利或害，天之所惡，孰知
其故？是以聖人猶難之。

> **譯文**
>
> 有勇氣於剛強則折損，有勇氣於不剛強則存活。這兩種勇或許
> 有利或許有害。上天自然法則所厭惡，誰能知道這其中的原由
> 呢？就是以歸於自然無為已達有德並面對公眾事務順應自然以
> 整體正向、無為而不爭的聖人也很難明確論斷。

天之道，不爭而善勝，不言而善應，不召而自來，繟然而善謀。天
網恢恢，疏而不失。

> **譯文**
>
> 上天自然運行的法則，不爭而良好結果的呈現，沒有特別的言
> 論而良好溝通應答，沒有刻意召喚而自願前來，坦然自然而良
> 好思慮，上天自然法則深遠弘大，分散而不會遺漏。

老子學說　第七十四章

民不畏死，奈何以死懼之？若使民常畏死，而爲奇者，吾得執而殺之，孰敢？常有司殺者殺。夫代司殺者殺，是謂代大匠斲，夫代大匠斲者，希有不傷其手矣。

民不畏死，奈何以死懼之？若使民常畏死，而為奇者，吾得執而殺之，孰敢？

~~譯文~~

民眾到了不擔心怕死，如何以死使之心生畏懼呢？倘若使民眾通常害怕擔心死亡，而視為不常見的狀況，老子說得執行重大規範並依此殺違反規範者，誰敢違反？

常有司殺者殺。夫代司殺者殺，是謂代大匠斲，夫代大匠斲者，希有不傷其手矣。

~~譯文~~

通常有專責在殺的執行者執行殺，哎！代為在殺的職責者執行殺，是所謂代為重大治理的懲治，哎！代為治理上重大的懲治，很少有不會自身傷到手呀！

老子學說　第七十五章

民之饑，以其上食稅之多，是以饑。民之難治，以其上之有爲，是以難治。民之輕死，以其上求生之厚，是以輕死。夫唯無以生爲者，是賢於貴生。

民之饑，以其上食稅之多，是以饑。

~~ 譯文 ~~~~~~~~~~~~~~~~~~~~~~~~~~~~~~~~~~

民眾之所以飢餓，通常起因於在上位者過度苛徵稅賦，所以飢餓。

~~~~~~

民之難治，以其上之有為，是以難治。民之輕死，以其上求生之厚，是以輕死。

~~ 譯文 ~~~~~~~~~~~~~~~~~~~~~~~~~~~~~~~~~~

民眾之所以難治理，通常起因於在上位者過多刻意的作為，所以難以治理。民眾之所以輕忽死，通常起因於在上位者過度追求生活上的豐厚，民生困苦，所以輕忽死。

~~~~~~

夫唯無以生為者，是賢於貴生。

~~ 譯文 ~~~~~~~~~~~~~~~~~~~~~~~~~~~~~~~~~~

正是只有不會過度追求生活豐厚，刻意作為者，就是公眾事務的良善作為高於重視自身生活上的喜好與追求。

~~~~~~

老子學說　第七十六章

人之生也柔弱，其死也堅強。萬物草木之生也柔脆，其死也枯槁。故堅強者死之徒，柔弱者生之徒。是以兵強則不勝，木強則兵。強大處下，柔弱處上。

人之生也柔弱，其死也堅強。萬物草木之生也柔脆，其死也枯槁。

~~~ 譯文 ~~~

人的軀體有生命時柔軟有韌性，當生命終結時，軀體變得相對強硬。萬物中的草木有生命時也是柔軟有韌性，當生命終結時，軀體變得乾枯失去水分。

~~~~~~~~~~

故堅強者死之徒，柔弱者生之徒。是以兵強則不勝，木強則兵。強大處下，柔弱處上。

~~~ 譯文 ~~~

因此就生命而言堅硬、固執是軀體走向生命終結的道路，柔軟有韌性是軀體保有生命的道路。所以武裝壯大自己長期而言無法贏的什麼，樹木軀體強大則損傷。長期而言強硬、壯大處於下，柔軟有韌性處於上。

~~~~~~~~~~

老子學說　第七十七章

天之道，其猶張弓與？高者抑之，下者舉之；有餘者損之，
不足者補之。天之道，損有餘而補不足；人之道，則不然，
損不足以奉有餘。孰能有餘以奉天下，唯有道者。是以聖人
爲而不恃，功成而不處，其不欲見賢。

天之道，其猶張弓與？高者抑之，下者舉之；有餘者損之，不足者補之。

~~譯文~~

上天自然的法則，他猶如張開弓箭適當一樣！弓箭的位置相對過高些時壓低些，相對過低些時抬高些；有多餘者減損些，有不足者補充些。

天之道，損有餘而補不足。人之道則不然，損不足以奉有餘。

~~譯文~~

上天自然法則，減損有多餘而補不足。人的規律則一般不是如此，減損不足以奉獻有多餘的。

孰能有餘以奉天下，唯有道者。是以聖人為而不恃，功成而不處，其不欲見賢。

~~譯文~~

誰能以多餘以奉獻天下，只有願意回歸天地自然運行的道理而歸於自然無為的人。所以歸於自然無為已達有德並面對公眾事務順應自然以整體正向、無為而不爭的人，有正向作為而不依靠，完成正向事務的功績而不居功，他沒有想彰顯自身在公眾事務上的良善作為。

老子學說　第七十八章

天下莫柔弱於水，而攻堅強者莫之能勝。以其無以易之。弱之勝強，柔之勝剛，天下莫不知，莫能行。是以聖人云：「受國之垢，是謂社稷主；受國不祥，是爲天下王。」正言若反。

天下莫柔弱於水，而攻堅強者莫之能勝，以其無以易之。弱之勝強，柔之勝剛，天下莫不知莫能行。

~~譯文~~

天下間沒有比水柔軟有韌性，而攻打堅硬、強硬者沒有如同它能良好結果，經由它無所爭以改變現狀。所以弱的狀態勝強，柔的狀態勝剛硬，天下間沒有不知道，沒有能落實的。

是以聖人云：「受國之垢，是謂社稷主；受國不祥，是為天下王。」正言若反。

~~譯文~~

所以聖人說：「承受而不製造國家不好的狀況，是所謂國家的領導人；承受而不製造國家的災難，是所謂天下的王。」，正向的言論像是返璞歸真。

老子學說　第七十九章

和大怨，必有餘怨，安可以爲善？是以聖人執左契，而不責
於人。有德司契，無德司徹。天道無親，常與善人。

和大怨，必有餘怨，安可以為善？是以聖人執左契，而不責於人。

~~【譯文】~~
和解大的怨恨，必然還有多餘的怨無法盡釋，這樣可以算是善的結局嗎？所以聖人握者左邊的原則（左邊為順應自然不主導而以輔佐事務之圓滿），而不會過於苛責別人。

有德司契，無德司徹。天道無親，常與善人。

~~【譯文】~~
真實歸於自然無為的德行透徹而深入宇宙萬物自然運行的道理，尚未透徹歸於自然無為而已達上仁，奉行自然無為的德行的法則，掌握並清楚上天自然運行的道理的通道沒有阻塞。上天自然運行的道理沒有親疏之別，時常與良善的人相契合。

【備註】「上德不德，是以有德，下德不失德，是以無德」，參第三十八章。

老子學說　第八十章

小國寡民。使有什伯之器而不用，使民重死而不遠徙。雖有舟輿，無所乘之，雖有甲兵，無所陳之。使人復結繩而用之，甘其食，美其服，安其居，樂其俗。鄰國相望，雞犬之聲相聞，民至老死不相往來。

小國寡民。使有什伯之器而不用，使民重死而不遠徙。雖有舟輿，無所乘之，雖有甲兵，無所陳之。

譯文

> 小的國家較少的人民，即使有各種大國的器具也沒有使用，讓民眾重視生死而沒有遷徙遠方，雖然有舟船、車子，沒有需要常使用它。雖然有武器軍隊，沒有甚麼機會擺出陣式。

使人復結繩而用之，甘其食，美其服，安其居，樂其俗。鄰國相望，雞犬之聲相聞，民至老死不相往來。

譯文

> 讓民眾回復簡單生活的器具使用，對食物能甘甜，對服飾能美好，對居住能安定，對良好風俗能樂在其中。鄰近國家可以相望，雞與狗的叫聲相互聽的到，兩國人民生活到老沒有相互往來。

老子學說　第八十一章

信言不美，美言不信。善者不辯，辯者不善。知者不博，博
者不知。聖人不積，既以爲人己愈有，既以與人己愈多。天
之道，利而不害；聖人之道，爲而不爭。

信言不美，美言不信。善者不辯，辯者不善。知者不博，博者不知。

> **譯文**
>
> 誠心可信的話樸實不會美麗好聽，美麗好聽的話不會誠心可靠，人的良善本質不會好辯，好辯不會是人的良善本質。知識廣泛的智者不會刻意展現，刻意展現知識廣博者不是智者。

聖人不積，既以為人己愈有，既以與人己愈多。天之道，利而不害；聖人之道，為而不爭。

> **譯文**
>
> 反璞歸真於自然無為已達有德並面對公眾事務順應自然以整體正向、無為而不爭的人，沒有累積據有，時常幫助公眾而自己更豐富，時常分享予人們而自己得到更多。上天自然的法則，使萬物受益而不危害，聖人回歸於「道」，整體正向作為而不爭。

老子哲學與生活

| 參考書目 |

老子莊子選。能仁出版社，民國 87 年。

張春玉、金國泰譯注，安平秋審閱。中國著名選譯叢書 2——老
　　子。錦繡出版社，民國 82 年再版。

余培林注譯。新譯老子讀本。三民書局印行。初版一刷 1973 年
　　10 月，十七刷 2003 年 2 月。